SEAMUS HEANEY

AUSGEWÄHLTE GEDICHTE
SELECTED POEMS
1965–1975

Übertragung und Nachwort
von Henriette Beese
Klett-Cotta

For Marie
and Michael and Christopher
and Catherine Ann

Für Marie
und Michael und Christopher
und Catherine Ann

from: DEATH OF A NATURALIST

aus: TOD EINES NATURFORSCHERS

DIGGING

Between my finger and my thumb
The squat pen rests; snug as a gun.

Under my window, a clean rasping sound
When the spade sinks into gravelly ground:
My father, digging. I look down

Till his straining rump among the flowerbeds
Bends low, comes up twenty years away
Stooping in rhythm through potato drills
Where he was digging.

The coarse boot nestled on the lug, the shaft
Against the inside knee was levered firmly.
He rooted out tall tops, buried the bright
  edge deep
To scatter new potatoes that we picked
Loving their cool hardness in our hands.

By God, the old man could handle a spade.
Just like his old man.

My grandfather cut more turf in a day
Than any other man on Toner's bog.
Once I carried him milk in a bottle
Corked sloppily with paper. He straightened up
To drink it, then fell to right away
Nicking and slicing neatly,
  heaving sods
Over his shoulder, going down and down
For the good turf. Digging.

VOM GRABEN

Zwischen Finger und Daumen
Halte ich die stämmige Feder, sturmklar wie ein Gewehr.

Wenn's unter meinem Fenster sauber und raspelnd klingt,
Als ob ein Spaten in kieseligen Boden dringt,
Ist es mein Vater, der gräbt. Ich schaue hin

Bis sein wehes Kreuz zwischen den Blumenbeeten
Tief sich neigt und zwanzig Jahre entfernt wieder auftaucht,
Rhythmisch sich bückend zwischen Kartoffelfurchen
Wo er damals grub.

Der klobige Stiefel schmiegte sich an den Spatenschaft,
Den nutzte die Innenseite des Knies als sicheren Hebel.
Er entwurzelte hochgewachsenes Kraut, versenkte tief das
  glänzende Blatt
Um neue Kartoffeln zu verstreuen, wir lasen sie auf
Und liebten ihre kühle Härte in den Händen.

Herrje, der Alte konnte mit dem Spaten umgehn.
Genau wie sein Alter.

Mein Großvater stach mehr Torf an einem Tag
Als irgendein andrer im Toner-Moor.
Einmal brachte ich ihm eine Flasche Milch,
Liederlich mit Papier verkorkt. Er richtete sich auf
Und trank sie, um dann sofort wieder dreinzuhaun,
Aus der Grasnarbe Stücke zu kerben, zu schneiden und
  über die Schulter
Zu hieven, wieder und wieder sich bückend
Nach dem guten Torf. So grub er.

The cold smell of potato mould, the squelch and slap
Of soggy peat, the curt cuts of an edge
Through living roots awaken in my head.
But I've no spade to follow men like them.

Between my finger and my thumb
The squat pen rests.
I'll dig with it.

Der kalte Duft von Kartoffelhumus, das Glucksen und Klatschen
Von sumpfigem Torf, ein Spatenblatt mit seinen kurzen Schlägen
Durch lebendige Wurzeln, das mag in meinem Kopf erwachen,
Doch um ein Mann zu werden, wie sie waren, hab ich keinen Spaten.

Zwischen Finger und Daumen
Halte ich die stämmige Feder.
Damit werde ich graben.

DEATH OF A NATURALIST

All year the flax-dam festered in the heart
Of the townland; green and heavy headed
Flax had rotted there, weighted down by huge sods.
Daily it sweltered in the punishing sun.
Bubbles gargled delicately, bluebottles
Wove a strong gauze of sound around the smell.
There were dragon-flies, spotted butterflies,
But best of all was the warm thick slobber
Of frogspawn that grew like clotted water
In the shade of the banks. Here, every spring
I would fill jampotfuls of the jellied
Specks to range on window-sills at home,
On shelves at school, and wait and watch until
The fattening dots burst into nimble-
Swimming tadpoles. Miss Walls would tell us how
The daddy frog was called a bullfrog
And how he croaked and how the mammy frog
Laid hundreds of little eggs and this was
Frogspawn. You could tell the weather by frogs too
For they were yellow in the sun and brown
In rain.

Then one hot day when fields were rank
With cowdung in the grass the angry frogs
Invaded the flax-dam; I ducked through hedges
To a coarse croaking that I had not heard
Before. The air was thick with a bass chorus.
Right down the dam gross-bellied frogs were cocked
On sods; their loose necks pulsed like sails.
Some hopped:

TOD EINES NATURFORSCHERS

Jedes Jahr faulte das Flachs-Stauwasser, inmitten
Des Gemeindelandes; grüner und schwerhäuptiger
Flachs war dort verrottet, von riesigen Torfbrocken niedergehalten.
Täglich verreckte das unter der strafenden Sonne.
Blasen gurgelten leise empor, Schmeißfliegen
Woben kräftige Klangschleier um den Geruch.
Dort gab es Libellen und gefleckte Schmetterlinge,
Doch das beste von allem war der dicke, warme Schleim
Des Froschlaichs, der wie geklumptes Wasser wuchs
Im Schatten der Uferbänke. Hier füllte ich jeden Frühling
Ganze Marmeladengläser mit den gelierten
Tüpfeln und reihte sie auf den Fenstersimsen zu Hause,
In den Regalen der Schule, um zu warten, zu schauen, bis
Die fetter werdenden Flecken zersprangen zu hurtig
Schwimmenden Kaulquappen. Miss Walls erzählte uns, daß
Man den Froschpapa Ochsenfrosch nenne,
Und wie er quake, und wie die Froschmama
Hunderte kleiner Eier lege, und dies sei
Froschlaich. Man könne auch das Wetter aus den Fröschen lesen,
Denn in der Sonne seien sie gelb, und braun
Bei Regen.

Dann eines heißen Tages, als die Felder brünstig stanken
Vom Kuhmist im Gras, überfielen die zornigen Frösche
Das Flachs-Stauwasser; ich tauchte unter Hecken hindurch
Dem rauhen Quaken entgegen, das ich noch nie zuvor
Gehört hatte. Verdickt war die Luft von einem Chor aus Bässen.
Den ganzen Damm entlang dickbäuchige Frösche, sie stülpten
Sich über Torfstücken auf, die lockeren Hälse pulsierten wie Segel.
Einige hüpften:

The slap and plop were obscene threats. Some sat
Poised like mud grenades, their blunt heads farting.
I sickened, turned, and ran. The great
   slime kings
Were gathered there for vengeance and I knew
That if I dipped my hand the spawn would clutch it.

Das Platschen und Plumpsen war obszöne Drohung. Einige saßen
Auf dem Sprung wie Schlammgranaten, die stumpfen Köpfe furzten.
Mir wurde schlecht, ich kehrte um und rannte. Die großen Könige des Schleims,
Hier waren sie versammelt, sich zu rächen, und ich wußte,
Wenn ich die Hand hineinhielt, wäre sie gefesselt im Laich.

THE BARN

Threshed corn lay piled like grit of ivory
Or solid as cement in two-lugged sacks.
The musty dark hoarded an armoury
Of farmyard implements, harness, plough-socks.

The floor was mouse-grey, smooth, chilly concrete.
There were no windows, just two narrow shafts
Of gilded motes, crossing, from air-holes slit
High in each gable. The one door meant no draughts

All summer when the zinc burned like an oven.
A scythe's edge, a clean spade, a pitch-fork's prongs:
Slowly bright objects formed when you went in.
Then you felt cobwebs clogging up your lungs

And scuttled fast into the sunlit yard.
And into nights when bats were on the wing
Over the rafters of sleep, where bright eyes stared
From piles of grain in corners, fierce, unblinking.

The dark gulfed like a roof-space. I was chaff
To be pecked up when birds shot through
 the air-slits.
I lay face-down to shun the fear above.
The two-lugged sacks moved in like great blind rats.

DIE SCHEUNE

Gehäuft wie Elfenbeinkies lag gedroschenes Korn
Oder fest wie Zement in Säcken mit doppeltem Griff.
Das muffige Dunkel barg einen Waffenhort
Von Bauerngerät, Pflugschuhen, Pferdegeschirr.

Der Boden war aus Beton, mausgrau, glatt und kalt.
Es gab keine Fenster, nur aus goldenen Stäubchen
Zwei dünne Strahlen, überkreuz, aus den Spalten
In beiden Giebeln. Nur eine Tür, das hieß kein Lüftchen

Den ganzen Sommer, wenn das Zink wie ein Ofen brannte.
Ein Sensenblatt, ein sauberer Spaten, die Zinken einer Forke:
Wenn man eintrat, formte sich langsam ein blinkender Gegenstand.
Dann fühlte man, wie Spinnweb die Lungen verstopfte,

Und floh hinaus auf den Hof mit seinem Sonnenlicht.
Und in die Nächte, wenn Fledermäuse auf dem Wege waren
Über Dachsparren des Schlafs, wo helläugige Blicke
Von Kornhaufen in den Ecken unverwandt und grimmig starrten.

Das Dunkel verschlang wie ein Dachboden. Ich war Spreu
Zum Picken für die Vögel, wenn sie durch die Schlitze geschossen
  kamen.
Ich lag mit dem Gesicht zum Boden, vor dem da oben scheu.
Es nahten die Säcke mit doppeltem Griff wie große, blinde Ratten.

BLACKBERRY-PICKING

For Philip Hobsbaum

Late August, given heavy rain and sun
For a full week, the blackberries would ripen.
At first, just one, a glossy purple clot
Among others, red, green, hard as a knot.
You ate that first one and its flesh was sweet
Like thickened wine: summer's blood was in it
Leaving stains upon the tongue and lust for
Picking. Then red ones inked up and that hunger
Sent us out with milk-cans, pea-tins, jam-pots
Where briars scratched and wet grass bleached our boots.
Round hayfields, cornfields and potato-drills
We trekked and picked until the cans were full,
Until the tinkling bottom had been covered
With green ones, and on top big dark blobs burned
Like a plate of eyes. Our hands were peppered
With thorn pricks, our palms sticky as Bluebeard's.

We hoarded the fresh berries in the byre.
But when the bath was filled we found a fur,
A rat-grey fungus, glutting on our cache.
The juice was stinking too. Once off the bush
The fruit fermented, the sweet flesh would turn sour.
I always felt like crying. It wasn't fair
That all the lovely canfuls smelt of rot.
Each year I hoped they'd keep, knew they would not.

BROMBEEREN PFLÜCKEN

für Philip Hobsbaum

Spät im August, wenn Sonnenschein und starker Regen
Die ganze Woche dauerten, dann reiften die Brombeeren.
Nur eine erst, ein Klümpchen dunkler Purpurglanz,
Die andern noch rot oder grün und knotenhart.
Man aß die erste, und süß war ihr Fleisch
Wie eingedickter Wein: des Sommers Blut war reich
In ihr, ließ Flecken auf der Zunge und Gelüst
Aufs Pflücken. Dann dunkelten die roten nach, und jener Durst,
Er sandte uns mit Marmeladetöpfen, Erbsendosen und Milchkannen
Dahin, wo feuchtes Gras die Stiefel bleichte, Heckenrosen stachen.
Am Rand der Wiese, neben den Kartoffelfurchen und dem Kornfeld
Da schlugen wir uns durch und pflückten bis die Kanne voll war.
Auf ihren Boden klingelten zuerst die grünen
Bis dann zuoberst große dunkle Tropfen glühten,
Ein Teller voller Augen. Die Hände juckten scharf
Von Dornenkratzern, die Finger klebten wie bei Herzog Blaubart.

Im Kuhstall bargen wir die frischen Beeren.
Doch wenn wir unsre letzte Beute in die Wanne leerten
War schon der Schatz von rattengrauem Schimmelpilz getupft.
Und auch der Saft stank. Abgepflückt vom Busch
Begann die Frucht zu gären, das süße Fleisch ward schlecht.
Ich hätte immer weinen mögen. Es war ungerecht
Daß all die schöne Ernte nach Verwesung roch.
Ein jedes Jahr die Hoffnung, wissend: sie faulen doch.

CHURNING DAY

A thick crust, coarse-grained as limestone rough-cast,
hardened gradually on top of the four crocks
that stood, large pottery bombs, in the small pantry.
After the hot brewery of gland, cud and udder
cool porous earthenware fermented the buttermilk
for churning day, when the hooped churn was
   scoured
with plumping kettles and the busy scrubber
echoed daintily on the seasoned wood.
It stood then, purified, on the flagged kitchen floor.

Out came the four crocks, spilled their heavy lip
of cream, their white insides, into the sterile churn.
The staff, like a great whisky muddler fashioned
in deal wood, was plunged in, the lid fitted.
My mother took first turn, set up rhythms
that slugged und thumped for hours. Arms ached.
Hands blistered. Cheeks and clothes were spattered
with flabby milk.

                    Where finally gold flecks
began to dance. They poured hot water then,
sterilized a birchwood-bowl
and little corrugated butter-spades.
Their short stroke quickened, suddenly
a yellow curd was weighting the churned up white,
heavy and rich, coagulated sunlight
that they fished, dripping, in a wide tin strainer,
heaped up like gilded gravel in the bowl.

The house would stink long after churning day,
acrid as a sulphur mine. The empty crocks
were ranged along the wall again, the butter
in soft printed slabs was piled on pantry shelves.

DER TAG DES BUTTERNS

Eine dicke Rinde, grobkörnig wie Rohverputz aus Kalk,
erhärtete allmählich auf dem Inhalt der vier Töpfe
die, große Steingutbomben, in der kleinen Speisekammer standen.
Nach heißem Brauen von Drüse, Wiedergekautem und Euter
ließ kühler, poröser Ton die Buttermilch gären
für den Tag des Butterns, wenn man das reifenbeschlagene Butterfaß
scheuerte,
zusammen mit den Kesseln, und die emsige Bürste
dem kampferprobten Holz ein leises Echo entlockte.
Dann stand es, gereinigt, auf dem steinernen Boden der Küche.

Hervor traten die vier Töpfe, spuckten aus ihrer schweren Schnauze
den Rahm aus, ihr weißes Inneres, in das gesäuberte Faß.
Der Schaft, wie ein großer Whisky-Stößel, aus Tannenholz
geformt, wurde eingetaucht, der Deckel geschlossen.
Meine Mutter übernahm die erste Schicht, sie gab den Rhythmus an
der viele Stunden schlug und pochte. Die Arme taten weh.
Die Hände bekamen Blasen. Wangen und Kleider waren bespritzt
mit Molke.

Wo schließlich goldene Tupfen
zu tanzen begannen. Dann gossen sie heißes Wasser ein,
überbrühten eine Schale aus Birkenholz
und kleine geriffelte Butterspatel.
Ihr kurzer Schlag wurde schneller, plötzlich
lag eine gelbe Masse über dem ausgebutterten Weiß,
schwer und reich, geronnenes Sonnenlicht
das sie herausfischten, tropfend, mit einem großen Zinnsieb,
aufgehäuft in der Schale wie goldener Kies.

Noch lange nach dem Tag des Butterns stank das Haus
ätzend wie eine Schwefelmine. Die leeren Töpfe
wurden wieder an der Wand aufgereiht, die Butter
lag, in weiche Tafeln gepreßt, im Regal der Speisekammer.

And in the house we moved with gravid ease,
our brains turned crystals full of clean deal churns,
the plash and gurgle of the sour-breathed milk,
the pat and slap of small spades on wet lumps.

Und wir bewegten uns im Haus mit schwangerer Leichtigkeit,
das Hirn ein Kristall geworden, voll sauberer Tannenholzfässer,
dem Platschen und Gurgeln saueratmiger Milch,
dem Klatschen und Schlagen der Spatel auf feuchten Klumpen.

FOLLOWER

My father worked with a horse-plough,
His shoulders globed like a full sail strung
Between the shafts and the furrow.
The horses strained at his clicking tongue.

An expert. He would set the wing
And fit the bright steel-pointed sock.
The sod rolled over without breaking.
At the headrig, with a single pluck

Of reins, the sweating team turned round
And back into the land. His eye
Narrowed and angled at the ground,
Mapping the furrow exactly.

I stumbled in his hob-nailed wake,
Fell sometimes on the polished sod;
Sometimes he rode me on his back
Dipping and rising to his plod.

I wanted to grow up and plough,
To close one eye, stiffen my arm.
All I ever did was follow
In his broad shadow round the farm.

I was a nuisance, tripping, falling,
Yapping always. But today
It is my father who keeps stumbling
Behind me, and will not go away.

VERFOLGER

Mein Vater arbeitete mit dem Pferdepflug,
Seine Schultern wölbten sich wie ein volles Segel, gespannt
Zwischen Griffe und Furche.
Die Pferde zogen an, sobald er mit der Zunge schnalzte.

Ein Fachmann. Er setzte die Schar
Und genau den hellen, stahlspitzigen Schuh.
Die Krume rollte zur Seite, ohne daß sie brach.
Am Bug des Rains, mit einem einzigen Ruck

Der Zügel, machten die beiden Schwitzenden kehrt
Und wendeten zurück ins Land. Sein Auge
Visierte und vermaß die Erde,
Verzeichnete die Furche genau.

Ich stolperte in seiner Spur von Nagelschuhen,
Fiel manchmal hin auf der glitschigen Narbe;
Und manchmal trug er mich auf den Schultern,
Abwärts und aufwärts mit seiner Plage.

Ich wollte erwachsen werden und pflügen,
Ein Auge zukneifen, den Arm steif machen.
Und alles was ich tat, war ihm zu folgen
Um den Hof herum, in seinem breiten Schatten.

Ich war lästig, mit meinem Trippeln und Fallen
Und dauernden Plappern. Heute hingegen
Bleibt mit seinem Stolpern mein Vater
Hinter mir, und will nicht weggehen.

MID-TERM BREAK

I sat all morning in the college sick bay
Counting bells knelling classes to a close.
At two o'clock our neighbours drove me home.

In the porch I met my father crying –
He had always taken funerals in his stride –
And Big Jim Evans saying it was a hard blow.

The baby cooed and laughed and rocked the pram
When I came in, and I was embarrassed
By old men standing up to shake my hand

And tell me they were »sorry for my trouble«;
Whispers informed strangers I was the eldest,
Away at school, as my mother held my hand

In hers and coughed out angry tearless sighs.
At ten o'clock the ambulance arrived
With the corpse, stanched and bandaged by the nurses.

Next morning I went up into the room. Snowdrops
And candles soothed the bedside; I saw him
For the first time in six weeks. Paler now,

Wearing a poppy bruise on his left temple,
He lay in the four foot box as in his cot.
No gaudy scars, the bumper knocked him clear.

A four foot box, a foot for every year.

SONDERFERIEN

Den ganzen Morgen saß ich im Krankenzimmer des Internats
Und zählte das Klingeln, das Totengeläut nach den Stunden.
Um zwei kamen Nachbarn und fuhren mich heim.

Im Flur begegnete ich meinem Vater, der weinte –
Er hatte Begräbnisse immer spielend erledigt –
Und Big Jim Evans sagte, es war ein harter Schlag.

Das Baby gurrte und lachte und wippte in seiner Wiege
Als ich hereinkam, und ich war verwirrt
Daß alte Männer sich erhoben, mir die Hand zu schütteln

Und mir »herzliches Beileid« zu sagen;
Geflüstert erfuhren Fremde, daß ich der Älteste sei,
Auf der Schule, während die Mutter meine Hand

In ihren hielt, und zornig tränenloses Seufzen hustete.
Um zehn Uhr kam der Krankenwagen
Mit der Leiche, gesäubert und gewickelt von Krankenschwestern.

Am nächsten Morgen betrat ich das Zimmer. Schneeglöckchen
Und Kerzen machten den Nachttisch sanfter; ich sah ihn
Zum ersten Mal seit sechs Wochen. Blasser geworden,

Mit einer Klatschmohnwunde an der linken Schläfe,
So lag er in dem Kasten von vier Fuß, wie im Kinderbett.
Keine dramatischen Schrunden, die Stoßstange traf ihn, das ist wahr.

Ein Kasten von vier Fuß, ein Fuß für jedes Jahr.

AT A POTATO DIGGING

I

A mechanical digger wrecks the drill,
Spins up a dark shower of roots and mould.
Labourers swarm in behind, stoop to fill
Wicker creels. Fingers go dead in the cold.

Like crows attacking crow-black fields, they stretch
A higgledy line from hedge to headland;
Some pairs keep breaking ragged ranks to fetch
A full creel to the pit and straighten, stand

Tall for a moment but soon stumble back
To fish a new load from the crumbled surf.
Heads bow, trunks bend, hands fumble towards
  the black
Mother. Processional stooping through the turf

Recurs mindlessly as autumn. Centuries
Of fear and homage to the famine god
Toughen the muscles behind their humbled knees,
Make a seasonal altar of the sod.

II

Flint-white, purple. They lie scattered
like inflated pebbles. Native
to the black hutch of clay
where the halved seed shot and clotted
these knobbed and slit-eyed tubers seem
the petrified hearts of drills. Split
by the spade, they show white as cream.

BEI EINER KARTOFFELERNTE

I

Die Erntemaschine reißt die Furchen ein,
Wirbelt Wurzeln und Humus auf, einen dunklen Regen.
Arbeiter schwärmen aus und bücken sich hinterdrein
Um die Weidenkörbe zu füllen. Kalte Finger, kaum zu bewegen.

Wie auf dohlenschwarzem Feld ein Angriff von Dohlen
Ziehn sie eine ungrade Linie, vom Rain zu den Schlehen;
Zu zweit durchbrechen sie zerfetztes Gewucher, sie holen
Einen vollen Fischkorb zur Grube, recken sich, stehen

Groß einen Augenblick, doch bald wieder hastend
Fischen sie aus der zerbröckelten Brandung eine neue Portion.
Köpfe geneigt, Körper gekrümmt, Hände nach der schwarzen
  Mutter tastend.
Durch die Sode, gebeugt, eine Prozession

Kehrt wieder, absichtslos wie der Herbst. Jahrhundertelang
Stärkte der Hungergott mittels Furcht und Ergebenheit
Hinter gedemütigten Knien den Muskelstrang,
Machte den Boden zum Altar der Jahreszeit.

II

Flintweiß, purpurn. Sie liegen verstreut
wie aufgeblasene Kiesel. Eingeboren
dem schwarzen Stall von Lehm
wo der halbierte Keimling ausschlug und neue Klumpen bildete,
ausgebeult, schlitzäugig, scheinen die Knollen wie
versteinerte Herzen der Furchen. Der Spaten
spaltet, und weiß wie Rahm erscheinen sie.

Good smells exude from crumbled earth.
The rough bark of humus erupts
knots of potatoes (a clean birth)
whose solid feel, whose wet inside
promises taste of ground and root.
To be piled in pits; live skulls, blind-eyed.

III

Live skulls, blind-eyed, balanced on
wild higgledy skeletons
scoured the land in 'forty-five,
wolfed the blighted root and died.

The new potato, sound as stone,
putrefied when it had lain
three days in the long clay pit.
Millions rotted along with it.

Mouths tightened in, eyes died hard,
faces chilled to a plucked bird.
In a million wicker huts
beaks of famine snipped at guts.

A people hungering from birth,
grubbing, like plants, in the bitch earth,
were grafted with a great sorrow.
Hope rotted like a marrow.

Stinking potatoes fouled the land,
pits turned pus into filthy mounds:
and where potato diggers are
you still smell the running sore.

Aus der zerkrümelten Erde dampft guter Geruch.
Die rauhe Humusborke stößt
Kartoffelnester aus (eine saubere Geburt),
ihre feste Substanz, ihr feuchtes Innres taugen
zur Hoffnung auf Geschmack nach Boden und Wurzel.
Man wird sie in Gruben häufen; lebendige Schädel mit blinden Augen.

III

Lebendige Schädel mit blinden Augen, zitternd
über wild verrenkten Gerippen
stöberten Fünfundvierzig im Lande,
schlangen die verseuchte Wurzel hinunter und starben.

Die neue Kartoffel, gesund wie ein Stein,
verfaulte, sobald sie nur drei
Tage in der großen Lehmgrube lag.
Millionen verwesten mit ihr gemeinsam.

Augen mit zähem Leben, Münder zusammengekrampft,
Gesichter zu einem gerupften Vogel erstarrt.
In einer Million von Weidenhütten
haben die Schnäbel des Hungers ins Eingeweide geschnitten.

Ein Volk das hungerte und pflanzenähnlich von Geburt
in der Erde wühlte, die schon immer gehurt,
dem pflanzte sich auf eine große Not.
Wie Fruchtfleisch verweste alles was hofft.

Stinkende Kartoffeln verpesteten das Land,
Vorratsgruben eiterten in den schmutzigen Erdwall:
Und in der Nähe von Kartoffellesern
riecht es noch immer nach der wässernden Verletzung.

IV

Under a gay flotilla of gulls
The rhythm deadens, the workers stop.
Brown bread and tea in bright canfuls
Are served for lunch. Dead-beat, they flop

Down in the ditch and take their fill,
Thankfully breaking timeless fasts;
Then, stretched on the faithless ground, spill
Libations of cold tea, scatter crusts.

IV

Unter fröhlicher Möwenflottille
Verstummt der Rhythmus, die Arbeit bricht ab.
Braunes Mittagsbrot, und Tee wird in hellen
Kannen aufgetragen. Sie sinken hinab

In den Graben, um nach der Mühsal zu genießen,
Dankbar brechen sie unbefristete Fasten;
Dann, hingestreckt auf ungläubiger Erde, vergießen
Sie Trankopfer kalten Tees, verstreuen Krusten.

THE DIVINER

Cut from the green hedge a forked hazel stick
That he held tight by the arms of the V:
Circling the terrain, hunting the pluck
Of water, nervous, but professionally

Unfussed. The pluck came sharp as a sting.
The rod jerked down with precise convulsions,
Spring water suddenly broadcasting
Through a green aerial its secret stations.

The bystanders would ask to have a try.
He handed them the rod without a word.
It lay dead in their grasp till nonchalantly
He gripped expectant wrists. The hazel stirred.

DER RUTENGÄNGER

Aus grüner Hecke geschnitten ein gegabelter Haselast
Den er fest an den Armen des V hielt:
So schritt er im Kreis das Gelände ab, auf der Jagd
Nach dem Zug des Wassers, reizbar, doch fachmännisch

Ohne Hektik. Der Ruck kam scharf wie ein Stich.
Als die Rute in präzisen Krämpfen zuckte:
Quellwasser das durch die grüne Antenne plötzlich
Seine geheimen Stationen funkte.

Die Zuschauer wollten es auch versuchen.
Er händigte die Rute aus und sagte nichts.
Tot lag sie in ihrem Griff, bis er geduldig
Die wartenden Hände umfaßte. Die Hasel regte sich.

LOVERS ON ARAN

The timeless waves, bright sifting, broken glass,
Came dazzling around, into the rocks,
Came glinting, sifting from the Americas

To possess Aran. Or did Aran rush
To throw wide arms of rock around a tide
That yielded with an ebb, with a soft crash?

Did sea define the land or land the sea?
Each drew new meaning from the waves' collision.
Sea broke on land to full identity.

DIE LIEBENDEN VON ARAN

Zeitlose Wellen, gesiebtes Licht, gebrochenes Glas,
Sie kamen allseitig blendend in die Felsen herein,
Sie kamen glitzernd und siebend von beiden Amerikas

Um Aran zu besitzen. Oder war es Aran das kam,
Mit weiten Felsenarmen die Flut zu umschlingen
Die sich mit Ebbe hingab, mit sanftem Anprall?

Begrenzte die See das Land, oder das Land die See?
Ein jedes fand im Aufschlag der Wellen neue Bedeutung.
Die See brach sich am Land und ward sie selbst.

POEM

For Marie

Love, I shall perfect for you the child
Who diligently potters in my brain
Digging with heavy spade till sods were piled
Or puddling through muck in a deep drain.

Yearly I would sow my yard-long garden.
I'd strip a layer of sods to build the wall
That was to exclude sow and pecking hen.
Yearly, admitting these, the sods would fall.

Or in the sucking clabber I would splash
Delightedly and dam the flowing drain
But always my bastions of clay and mush
Would burst before the rising autumn rain.

Love, you shall perfect for me this child
Whose small imperfect limits would keep breaking:
Within new limits now, arrange the world
Within our walls, within our golden ring.

GEDICHT

für Marie

Liebste, für dich mach ich das Kind vollendeter
Das emsig in meinem Hirn sein Wesen treibt,
Um Torf zu stapeln mit schwerem Spaten werkelte
Oder durch tiefe Gräben plantschte, Schlammseligkeit.

Jedes Jahr bestellte ich meinen Garten, einen Meter lang.
Ich löste eine Lage Torf, eine Mauer zu bauen,
Um die Sau fernzuhalten und den pickenden Hahn.
Jedes Jahr kamen sie doch, es fiel die Mauer.

Oder ich stapfte durch den saugenden Schlick
Und baute Dämme für das fließende Wasser im Graben,
Aber meine Wehre aus Matsch und aus Dreck
Barsten immer bevor die Regengüsse des Herbstes kamen.

Liebste, mach für mich dies Kind vollendeter
Dessen kleine, unvollkommne Grenze immer fiel:
In neuen Grenzen jetzt die Welt befestige,
In unsern Wänden, in unserm goldnen Ring.

PERSONAL HELICON

For Michael Longley

As a child, they could not keep me from wells
And old pumps with buckets and windlasses.
I loved the dark drop, the trapped sky, the smells
Of waterweed, fungus and dank moss.

One, in a brickyard, with a rotted board top.
I savoured the rich crash when a bucket
Plummeted down at the end of a rope.
So deep you saw no reflection in it.

A shallow one under a dry stone ditch
Fructified like any aquarium.
When you dragged out long roots from the soft mulch
A white face hovered over the bottom.

Others had echoes, gave back your own call
With a clean new music in it. And one
Was scaresome for there, out of ferns and tall
Foxgloves, a rat slapped across my reflection.

Now, to pry into roots, to finger slime,
To stare, big-eyed Narcissus, into some spring
Is beneath all adult dignity. I rhyme
To see myself, to set the darkness echoing.

PRIVATER HELIKON

für Michael Longley

Als Kind konnte ich nicht von den Brunnen lassen, nimmer
Von den alten Pumpen mit ihren Winden und Kübeln.
Ich liebte das dunkle Tropfen, den eingefangenen Himmel,
Von Wasserpflanzen, Schimmel, feuchtem Moos die Düfte.

Einer, verrottete Bretter drauf, in einem Hof aus Backstein.
Ich genoß den deftigen Krach wenn ein Kübel hinunter
Plumpste am Ende des langen Seils.
So tief, du sahst da unten keine Spiegelungen.

Ein flacher, unter trockner, steinerner Rinne,
War fruchtbar wie ein Aquarium.
Zog man lange Wurzeln hervor aus der weichen Blätterschicht,
Schwankte ein weißes Gesicht über dem Grund.

Andere hatten ein Echo, gaben die eigenen Rufe wieder
Mit neuen, sauberen Klängen. Und wild
Erschreckte mich einer, denn dort, aus Farngefieder
Und Fingerhut, flutschte eine Ratte über mein Spiegelbild.

Jetzt ist Erforschen von Wurzeln, Befingern von Schleim,
Großäugiges Starren, als Narziß, in irgendeinen Schacht
Unter erwachsener Würde. Ich mache einen Reim,
Um mich zu sehen, ein Echo zu rufen in der Nacht.

from: DOOR INTO THE DARK

aus: TÜR INS DUNKEL

THE FORGE

All I know is a door into the dark.
Outside, old axles and iron hoops rusting;
Inside, the hammered anvil's short-pitched ring,
The unpredictable fantail of sparks
Or hiss when a new shoe toughens in water.
The anvil must be somewhere in the centre,
Horned as a unicorn, at one end square,
Set there immoveable: an altar
Where he expends himself in shape and music.
Sometimes, leather-aproned, hairs in his nose,
He leans out on the jamb, recalls a clatter
Of hoofs where traffic is flashing in rows;
Then grunts and goes in, with a slam and flick
To beat real iron out, to work the bellows.

DIE SCHMIEDE

Alles was ich kenne war die Tür ins Dunkel.
Draußen alte Achsen und Eisenringe;
Drinnen der Hammer auf dem Amboß klingelnd,
Das unvorhersehbare Pfauenrad aus Funken
Oder, wenn ein Hufeisen im Wasser härtet, Gezisch.
Der Amboß muß in der Mitte sein, denk ich,
Bewehrt hier wie das Einhorn, am andern Ende eckig,
Unversetzbar steht er da, ein Altartisch
Wo er sich selber darbringt, in Form und in Klang.
Manchmal, mit Haaren in der Nase und der Schürze aus Leder,
Lehnt er sich draußen an den Pfosten, erinnert sich
An Hufgeklapper, wo in Reihen flitzende Wagen verkehren;
Dann brummelt er, geht hinein, um mit knallendem Schlag
Wirkliches Eisen zu schmieden, den Blasebalg zu treten.

THATCHER

Bespoke for weeks, he turned up some morning
Unexpectedly, his bicycle slung
With a light ladder and a bag of knives.
He eyed the old rigging, poked at the eaves,

Opened and handled sheaves of lashed wheat-straw.
Next, the bundled rods: hazel and willow
Were flicked for weight, twisted in case they'd snap.
It seemed he spent the morning warming up:

Then fixed the ladder, laid out well honed blades
And snipped at straw and sharpened ends of rods
That, bent in two, made a white-pronged staple
For pinning down his world, handful by handful.

Couchant for days on sods above the rafters
He shaved and flushed the butts, stitched all together
Into a sloped honeycomb, a stubble patch,
And left them gaping at his Midas touch.

DER MANN DER DIE STROHDÄCHER DECKT

Seit Wochen bestellt, tauchte er eines Morgens auf,
Unerwartet, das Fahrrad überhäuft
Mit einer leichten Leiter und Taschen voller Messer.
Stocherte in der Traufe, beäugte das alte Takelwerk,

Öffnete und ordnete Garben von gedroschenem Weizen.
Dann die gebündelten Gerten: Hasel und Weide,
Sie wurden gepeitscht, gewunden, ob sie nicht rissen.
Den ganzen Morgen wärmte er sich auf, so schien es:

Dann stellte er die Leiter auf, legte geschärfte Klingen bereit
Und schnippelte am Stroh und spitzte beide Enden des Zweigs,
Und die ergaben, zusammengebogen, weißspitzige Krampen,
Um seine Welt daran zu befestigen, eine Handvoll nach der andern.

Tagelang kauernd, auf Torfstücken über den Sparren,
Kürzte und bündelte er die Schäfte, heftete alle zusammen
Zur Flickerei aus Stroh, zur Bienenwabe, abgeschrägt,
Und ließ sie, gaffend, von seiner Midashand bewegt.

THE PENINSULA

When you have nothing more to say, just drive
For a day all round the peninsula.
The sky is tall as over a runway,
The land without marks so you will not arrive

But pass through, though always skirting landfall.
At dusk, horizons drink down sea and hill,
The ploughed field swallows the whitewashed gable
And you're in the dark again. Now recall

The glazed foreshore and silhouetted log,
That rock where breakers shredded into rags,
The leggy birds stilted on their own legs,
Islands riding themselves out into the fog

And drive back home, still with nothing to say
Except that now you will uncode all landscapes
By this: things founded clean on their own shapes,
Water and ground in their extremity.

DIE HALBINSEL

Wenn du nichts mehr zu äußern hast, dann beginn
Die Halbinsel zu umrunden, fahre den ganzen Tag.
Der Himmel ist hoch, wie über einer Rollbahn,
Das Land ohne Merkzeichen, drum kommst du nirgends hin

Wirst nur immer am Saum des gesichteten Landes fahren.
Die Horizonte trinken Meer und Hügel in der Dämmerung,
Geweißte Giebel werden von gepflügtem Feld verschlungen,
Und wieder bist du im Dunkeln. Jetzt erfahre

Den Schattenriß des Klobens und das glasige Watt,
Den Felsen, an dem die Brecher in Fetzen zerstoben,
Langbeinige Vögel, auf den Stelzen ihrer Beine erhoben,
Die Insel, die sich hinaus in den Nebel getragen hat,

Und fahre heim, du hast noch immer nichts zu äußern,
Nur daß hinfort du jede Landschaft so entschlüsseln wirst:
Ein Ding durch eigne Form gewiß begründet wird,
Wasser und Land in ihrem Äußersten.

REQUIEM FOR THE CROPPIES

The pockets of our great coats full of barley –
No kitchens on the run, no striking camp –
We moved quick and sudden in our own country.
The priest lay behind ditches with the tramp.
A people, hardly marching – on the hike –
We found new tactics happening each day:
We'd cut through reins and rider with the pike
And stampede cattle into infantry,
Then retreat through hedges where cavalry must be thrown.
Until, on Vinegar Hill, the fatal conclave.
Terraced thousands died, shaking scythes at cannon.
The hillside blushed, soaked in our broken wave.
They buried us without shroud or coffin
And in August the barley grew up out of the grave.

REQUIEM FÜR DIE CROPPIES

In unsern weiten Mänteln Gerste in den Taschen,
Am Wege keine Küche und kein Lagerleben –
Geschwinde, plötzliche Bewegung in dem eignen Lande.
Landstreicher lagen mit den Priestern hinter Gräben.
Ein Volk im Marschschritt nicht – auf Wanderschaft –
So fanden jeden Tag wir eine neue Taktik:
Den Reiter und die Zügel zerhieb der Piken Kraft
Und in die Infanterie trieb man das Vieh in Panik,
Dann Rückzug hinter Hecken, wo Kavallerie nicht folgen konnte.
Bis das Konklave auf dem Vinegar-Hügel uns das Ende gab.
Tausende, gestaffelt, starben, Sensen erhebend gegen Kanonen.
Den Hügel, von unsrer gebrochnen Welle getränkt, floß Rot hinab.
Begraben wurden wir ganz ohne Leichentuch und ohne
Sarg. Und im August wuchs Gerste aus dem Grab.

UNDINE

He slashed the briars, shovelled up grey silt
To give me right of way in my own drains
And I ran quick for him, cleaned out my rust.

He halted, saw me finally disrobed,
Running clear, with apparent unconcern.
Then he walked by me. I rippled and I churned

Where ditches intersected near the river
Until he dug a spade deep in my flank
And took me to him. I swallowed his trench

Gratefully, dispersing myself for love
Down in his roots, climbing his brassy grain –
But once he knew my welcome, I alone

Could give him subtle increase and reflection.
He explored me so completely, each limb
Lost its cold freedom. Human, warmed to him.

UNDINE

Er rodete die Dornen, schippte grauen Schlick,
Um mir in meiner eignen Spur das Wegerecht zu schaffen
Und ich lief rasch für ihn und war nicht mehr verrottet.

Da hielt er ein und sah mich nun entkleidet,
Geklärten Laufs und offensichtlich sorglos.
Dann ging er neben mir entlang. Ich plätscherte und schäumte

Wo Gräben nah dem Flusse kreuzten,
Bis er nur einen Spaten tief zu meiner Seite grub
Und so mich zu sich nahm. Und ich verschlang die Rinne

Dankbar, verströmte mich aus Liebe
Hinab in seine Wurzeln und kletterte sein ehern Korn hinauf –
Doch alsobald er meinen Gruß erfuhr, war ich's allein

Die ihm verfeinert Wachstum, Spieglung geben konnte.
Und dann erforschte er mich derart gänzlich
Daß jedes Glied die kalte Freiheit verlor. Ihm gewärmt und menschlich.

THE WIFE'S TALE

When I had spread it all on linen cloth
Under the hedge, I called them over.
The hum and gulp of the thresher ran down
And the big belt slewed to a standstill, straw
Hanging undelivered in the jaws.
There was such quiet that I heard their boots
Crunching the stubble twenty yards away.

He lay down and said »Give these fellows theirs.
I'm in no hurry,« plucking grass in handfuls
And tossing it in the air. »That looks well.«
(He nodded at my white cloth on the grass.)
»I declare a woman could lay out a field
Though boys like us have little call for cloths.«
He winked, then watched me as I poured a cup
And buttered the thick slices that he likes.
»It's treshing better than I thought, and mind
It's good clean seed. Away over there and look.«
Always this inspection has to be made
Even when I don't know what to look for.

But I ran my hand in the half-filled bags
Hooked to the slots. It was hard as shot,
Innumerable and cool. The bags gaped
Where the chutes ran back to the stilled drum
And forks were stuck at angles in the ground
As javelins might mark lost battlefields.
I moved between them back across the stubble.

They lay in the ring of their own crusts and dregs
Smoking and saying nothing. »There's good yield,
Isn't there?« – as proud as if he were the land itself –
»Enough for crushing and for sowing both.«
And that was it. I'd come and he had shown me

DIE ERZÄHLUNG DER FRAU

Als ich alles ausgebreitet hatte, auf dem Leinentuch
Unter der Hecke, rief ich sie herüber.
Das Dröhnen und Fressen der Dreschmaschine verstummte,
Der große Treibriemen kam zum Stillstand, Stroh
Hing ihm noch, nicht fertig ausgespuckt, im Maul.
Es war so still, daß ich ihre Stiefel
Zwanzig Meter entfernt auf den Stoppeln knirschen hörte.

Er legte sich hin und sagte: »Gib denen erstmal ihrs.
Ich hab's nicht eilig«, rupfte eine Handvoll Gras
Und warf es in die Luft. »Das sieht schön aus.«
(Er nickte meinem weißen Tuch auf der Wiese zu.)
»Ich finde, eine Frau kann wirklich das Feld decken,
Obwohl Kerle wie wir kaum nach dem Tischtuch fragen.«
Er blinzelte, dann schaute er zu, wie ich Tee eingoß
Und dicke Scheiben, wie er's mag, mit Butter bestrich.
»Das drischt sich besser als ich dachte, und denk dir,
Es ist gutes, sauberes Korn. Geh mal rüber und sieh's dir an.«
Jedesmal ist diese Besichtigung nötig
Auch wenn ich nicht weiß, wonach ich schauen soll.

Aber ich ließ die Hand durch die halbvollen Säcke gleiten
Die angehakt sind am Schlitz. Es war hart wie Schrot,
Zahllos und kühl. Die Säcke klafften
Wo die Schütte zurück zur stillgestellten Trommel lief,
Und Forken, in den Boden gerammt, bildeten Winkel
Wie Spieße die Felder verlorener Schlachten markieren mögen.
Zwischen ihnen ging ich zurück über die Stoppeln.

Sie lagen im Ring ihrer Krusten und Reste,
Rauchten und schwiegen. »Das ist ein guter Ertrag,
Nicht wahr?« – so stolz, als sei er selber das Land –
»Genug zum Kauen und zum Säen, für beides.«
Das war's. Ich war gekommen, er hatte es mir gezeigt,

So I belonged no further to the work.
I gathered cups and folded up the cloth
And went. But they still kept their ease
Spread out, unbuttoned, grateful, under the trees.

Und nun gehörte ich nicht weiter zur Arbeit.
Ich sammelte die Tassen ein, faltete das Tuch zusammen
Und ging. Sie aber mochten noch säumen,
Hingestreckt, mit offnen Knöpfen, dankbar, unter den Bäumen.

NIGHT DRIVE

The smells of ordinariness
Were new on the night drive through France:
Rain and hay and woods on the air
Made warm draughts in the open car.

Signposts whitened relentlessly.
Montreuil, Abbéville, Beauvais
Were promised, promised, came and went,
Each place granting its name's fulfilment.

A combine groaning its way late
Bled seeds across it work-light.
A forest fire smouldered out.
One by one small cafés shut.

I thought of you continuously
A thousand miles south where Italy
Laid its loin to France on the darkened sphere.
Your ordinariness was renewed there.

NACHTFAHRT

Die Düfte der Alltäglichkeit
Waren neu auf der Nachtfahrt durch Frankreich:
Heu und Holz in der Luft und Regen
Brachten warmen Wind in den offenen Wagen.

Die Schilder verblichen unerbittlich:
Montreuil, Beauvais, Abbéville
Wurden versprochen, versprochen, kamen und schwanden,
Jeder Ort gewährte die Erfüllung seines Namens.

Ein Mähdrescher stöhnte, spät auf der Straße,
Blutete Körner auf sie, von der Arbeit entlastet.
Ein Waldbrand schwelte noch.
Die kleinen Café-Bars schlossen nach und nach.

Unablässig dachte ich an dich,
Wo Italien tausend Meilen weiter südlich
Seine Lenden an Frankreich schmiegte, in erdenweiter Dunkelheit.
Dort erneuerte sich deine Alltäglichkeit.

AT ARDBOE POINT

Right along the lough shore
A smoke of flies
Drifts thick in the sunset.

They come smattering daintily
Against the windscreen,
The grill and bonnet whisper

At their million collisions:
It is to drive through
A hail of fine chaff.

Yet we leave no clear wake
For they open and close on us
As the air opens and closes.

To-night when we put out our light
To kiss between sheets
Their just audible siren will go

Outside the window,
Their invisible veil
Weakening the moonlight still further

And the walls will carry a rash
Of them, a green pollen.
They'll have infiltrated our clothes by morning.

If you put one under a lens
You'd be looking at a pumping body
With such outsize beaters for wings

BEI ARDBOE-POINT

Genau entlang am Ufer des Lough
Treibt ein Rauch von Mücken
Dick im Sonnenuntergang.

Unwissend und verwöhnt geraten sie
Gegen Windschutzscheibe,
Motorhaube und Kühlergrill

In einer Million von Zusammenstößen:
Man fährt durch
Einen Hagel feiner Spreu.

Doch es bleibt kein Kielwasser
Denn sie öffnen und schließen sich um uns
Wie die Luft sich öffnet und schließt.

Heute Nacht werden wir das Licht löschen
Um uns unter den Laken zu küssen,
Ihre Sirene, gerade eben hörbar, wird tönen

Draußen vor dem Fenster,
Ihr unsichtbarer Schleier
Das matte Mondlicht schwächen,

Und die Wände werden einen Ausschlag haben
Von ihnen, grünen Blütenstaub.
Am Morgen werden sie in unsern Kleidern sein.

Würdest du eine unter die Lupe legen
Dann sähest du einen pumpenden Leib
Mit so riesigen Schlägern als Flügel,

That this visitation would seem
More drastic than Pharaoh's –
I'm told they're mosquitoes

But I'd need forests and swamps
To believe it
For these are our innocent, shuttling

Choirs, dying through
Their own live empyrean, troublesome only
As the last veil on a dancer.

Daß diese Heimsuchung gewaltiger
Schiene als die des Pharao –
Man sagt, es sind Moskitos,

Aber ich brauche Wälder und Sümpfe
Um das zu glauben,
Denn die hier sind pendelnde, unschuldige

Chöre, sie sterben durch
Ihr eigenes, luftiges Leben, lästig bloß
Wie der letzte Schleier einer Tänzerin.

A LOUGH NEAGH SEQUENCE

for the fishermen

1. UP THE SHORE

I

The lough will claim a victim every year.
It has virtue that hardens wood to stone.
There is a town sunk beneath its water.
It is the scar left by the Isle of Man.

II

At Toomebridge where it sluices towards the sea
They've set new gates and tanks against the flow,
From time to time they break the eels' journey
And lift five hundred stone in one go.

III

But up the shore in Antrim and Tyrone
There is a sense of fair play in the game.
The fishermen confront them one by one
And sail miles out, and never learn to swim.

IV

»We'll be the quicker going down«, they say –
And when you argue there are no storms here,
That one hour floating's sure to land them safely –
»The lough will claim a victim every year.«

EINE SEQUENZ ÜBER LOUGH NEAGH

für die Fischer

1. DAS UFER ENTLANG

I

Ein Opfer fordert das Lough jedes Jahr.
Es hat die Kraft, daß Holz hart wie Stein wird.
Unter seinem Wasser liegt eine versunkene Stadt.
Es ist die Narbe, welche die Insel Man hinterließ.

II

Wo die Schleusen zur See sind, bei Toomebridge,
Haben sie neue Tore und Tanks gegen die Flut gesetzt.
Sie unterbrechen die Reise der Aale gelegentlich
Und fangen auf einmal fünfzehn Zentner.

III

Aber in Antrim und Tyrone, weiter das Ufer entlang,
Da haben sie ehrliches Spiel im Sinne.
Mit einzelnen treten die Fischer in den Kampf
Und fahren Meilen hinaus und lernen nie schwimmen.

IV

Sie sagen: »Um so schneller wird man versinken« –
Und wenn du erklärst, es gibt keine Stürme da,
Läßt man sich eine Stunde treiben, landet man sicher –
»Ein Opfer fordert das Lough jedes Jahr.«

2. BEYOND SARGASSO

A gland agitating
mud two hundred miles in-
land, a scale of water
on water working up
estuaries, he drifted
into motion half-way
across the Atlantic,
sure as the satellite's
insinuating pull
in the ocean, as true
to his orbit.
                    Against
ebb, current, rock, rapids
a muscled icicle
that melts itself longer
and fatter, he buries
his arrival beyond
light and tidal water,
investing silt and sand
with a sleek root. By day
only the drainmaker's
spade or the mud paddler
can make him abort. Dark
delivers him hungering
down each undulation.

2. JENSEITS VON SARGASSO

Eine Drüse die den Schlamm
zweihundert Meilen ins Landesinnre hinein
bewegt, ein Maßstab für das Wirken
von Wasser auf Wasser in
Gezeitenmündungen, so kam er
mitten auf dem Atlantik
in Bewegung, so gewiß
wie der einschmeichelnde
Einfluß des Trabanten
auf den Ozean, ebenso getreu
seiner Laufbahn.
                                        Gegen
Ebbe, Strömung, Felsen, Stromschnellen
ein muskulöser Eiszapfen
der sich selbst länger
und fetter schmilzt, so vergräbt er
seine Ankunft hinter
Licht und Gezeitenwasser,
Schlick und Sand ausstattend
mit einer glitschigen Wurzel. Bei Tage
kann nur der Spaten des Grabenziehers
oder der Schlammläufer sein
Wachstum behindern. Das Dunkel
entläßt ihn mit seinem Hunger
jeden Wellenlauf hinab.

3. BAIT

Lamps dawdle in the field at midnight.
Three men follow their nose in the grass,
The lamps' beam their prow and compass.

The bucket's handle better not clatter now:
Silence and curious light gather bait.
Nab him, but wait

For the first shrinking, tacky on the thumb.
Let him re-settle backwards in his tunnel.
Then draw steady and he'll come.

Among the millions whorling their mud coronas
Under dewlapped leaf and bowed blades
A few are bound to be rustled in these night raids,

Innocent ventilators of the ground
Making the globe a perfect fit,
A few are bound to be cheated of it

When lamps dawdle in the field at midnight,
When fishers need a garland for the bay
And have him, where he needs to come, out of the clay.

3. KÖDER

Um Mitternacht bummeln die Lampen übers Feld.
Drei Männer folgen, die Nase im Gras,
Der Strahl der Lampe ist ihr Bug und Kompaß.

Jetzt rasselte der Henkel des Eimers besser nicht:
Köder fängt sich mit Schweigen und sonderbarem Licht.
Warten mußt du, bis du ihn erwischst,

Auf das erste Zucken, am Daumen klebend.
Dann laß ihn sich in den Stollen zurückbegeben.
Nun aber zieh stetig, und er wird kommen.

Unter den Millionen, in ihren Höfen von Schlamm sich ringelnd,
Unter geneigten Blättern, der Wamme von Grün,
Erliegen immer ein paar dem nächtlichen Ungestüm,

Von den unschuldigen Belüftern des Bodens
Welche die Erde vollkommener machen,
Werden immer ein paar darum betrogen

Wenn übers Feld um Mitternacht die Lampen bummeln,
Wenn der Fischer für die Bucht einen Kranz braucht
Und ihn erhält, wo er kommen muß, aus dem Schlamm heraus.

4 . from: S E T T I N G

A line goes out of sight and out of mind
Down to the soft bottom of silt and sand
Past the indifferent skill of the hunting hand.

A bouquet of small hooks coiled in the stern
Is being paid out, back to its true form,
Until the bouquet's hidden in the worm.

The boat rides forward where the line slants back.
The oars in their locks go round and round.
The eel describes his arcs without a sound.

4. aus: AUSLEGEN

Die Leine schwindet aus den Augen, aus dem Sinn
Hinab in den weichen Grund von Sand und Schlick
Jenseits der jagenden Hand und ihres ungerührten Geschicks.

Ein Strauß von kleinen Haken, im Heck aufgerollt,
Wird ausgelassen, zurück in seine wahre Form,
Bis schließlich im Gewürm der Strauß verborgen.

Das Boot fährt zu, dorthin wo die Leine rückwärts zieht.
Die Riemen kreisen in den Zapfen viele Male.
Tonlos beschreiben ihre Bogen die Aale.

5. LIFTING

They're busy in a high boat
That stalks towards Antrim, the power cut.
The line's a filament of smut

Drawn hand over fist
Where every three yards a hook's missed
Or taken (and the smut thickens, wrist-

Thick, a flail
Lashed into the barrel
With one swing). Each eel

Comes aboard to this welcome:
The hook left in gill or gum,
It's slapped into the barrel numb

But knits itself, four-ply,
With the furling, slippy
Haul, a knot of back and pewter belly

That stays continuously one
For each catch they fling in
Is sucked home like lubrication.

And wakes are enwound as the catch
On the morning water: which
Boat was which?

And when did this begin?
This morning, last year, when the lough first spawned?
The crews will answer, »Once the season's in.«

5. EINHOLEN

In einem großen Boot sind sie geschäftig,
Mit gedrosselter Kraft zieht es nach Antrim.
Die Leine, lauter rußige Fäden,

Wird eingeholt, Hand über Hand,
Alle drei Meter ein leerer Haken
Oder ein angenommner (und der Ruß wird dicker, arm-

Dick, ein Dreschflegel,
Mit einer einzigen Hebung
Ins Faß gepeitscht). Jeder

Aal findet an Bord dies Willkommen:
Der Haken verbleibt in Kiemen oder Gaumen,
Und er wird ins Faß geschlagen, benommen,

Doch verstrickt er sich, vierfach gefaltet,
mit dem gewundenen, glatten
Fang, Rücken und zinnerne Bäuche sind ein Knoten,

Als ein einziger stetig verwoben,
Denn jede Beute, hineingeworfen,
Wird gleich wie Schmieröl eingesogen.

Und gleich der Beute verwebt sich
Kielwasser des Morgens: welches
Boot war welches?

Und wann hat das angefangen?
Heute morgen, letztes Jahr, als das Lough zum ersten Mal laichte?
Die Besatzung meint: »Zur richtigen Jahreszeit.«

6. THE RETURN

In ponds, drains, dead canals
she turns her head back,
older now, following
whim deliberately
till she's at sea in grass
and damned if she'll turn so
it's new trenches, sunk pipes,
swamps, running streams, the lough,
the river. Her stomach
shrunk, she exhilarates
in mid-water. Its throbbing
is speed through days and weeks.

Who knows now if she knows
her depth or direction;
she's passed Malin and
Tory, silent, wakeless,
a wisp, a wick that is
its own taper and light
through the weltering dark.
Where she's lost once she lays
ten thousand feet down in
her origins. The current
carries slicks of orphaned spawn.

6. RÜCKKEHR

In Teichen, Gräben, stehenden Kanälen
wendet sie den Kopf zurück,
älter geworden folgt sie
entschlossen der Laune
bis sie sturmerprobt auf hoher See weiden wird,
und verdammt, so wird sie
weitere Rinnen, die versunkenen Rohre,
die Sümpfe, die rieselnden Bäche, das Lough,
den Fluß durchqueren. Wenn ihr Magen
geschrumpft ist, wird sie munter
in mitteltiefem Wasser. Sein Pochen
treibt sie für Tage und Wochen an.

Wer mag jetzt wissen, ob sie etwas weiß
von Tiefe oder Richtung;
an Malin kam sie vorbei
und an Tory, still, ohne Kielspur,
ein Wisch, ein Irrlicht, sich
selber Kerze und Licht
durch das anrollende Dunkel.
Wo sie einst verloren ging, legt sie ab,
zehntausend Fuß tief
an ihrem Ursprungsort. Die Strömung
führt Ölflecken von verwaistem Laich mit sich.

7. VISION

Unless his hair was fine-combed
The lice, they said, would gang up
Into a mealy rope
And drag him, small, dirty, doomed

Down to the water. He was
Cautious then in riverbank
Fields. Thick as a birch trunk
That cable flexed in the grass

Every time the wind passed. Years
Later in the same fields
He stood at night when eels
Moved through the grass like hatched fears

Towards the water. To stand
In one place as the field flowed
Past, a jellied road,
To watch the eels crossing land

Re-wound his world's live girdle.
Phosphorescent, sinewed slime
Continued at his feet. Time
Confirmed the horrid cable.

7. VISION

Wenn er sein Haar nicht endlich sauber kämmte,
Würden, so sagte man, die Läuse sich verbünden
Ein gesprenkeltes Seil zu bilden
Und ihn, den schmutzigen kleinen Verdammten

Ins Wasser hinab zu ziehen. Er war
Von nun an vorsichtig
Auf Uferfeldern. Wie ein Birkenstamm dick
Wand sich das Tau im Gras

Wenn der Wind vorbeikam. Längst
Waren Jahre vergangen, er stand
Auf denselben Feldern des Nachts
Als Aale durchs Gras krochen, ausgebrütete Ängste,

Zum Wasser hinunter. Zu stehen
An einem Ort, während das Feld vorbeikam,
Fließend, eine glibbrige Bahn,
Die das Land überquerenden Aale zu sehen,

Wand neu den Kreis seiner Welt, lebendig.
Phosphoreszierender, sehniger Schleim
Floß weiter zu seinen Füßen. Die Zeit
Bestätigte das Tau, entsetzlich.

THE GIVEN NOTE

On the most westerly Blasket
In a dry-stone hut
He got this air out of the night.

Strange noises were heard
By others who followed, bits of a tune
Coming in on loud weather

Though nothing like melody.
He blamed their fingers and ear
As unpractised, their fiddling easy

For he had gone alone into the island
And brought back the whole thing.
The house throbbed like his full violin.

So whether he calls it spirit music
Or not, I don't care. He took it
Out of wind off mid-Atlantic.

Still he maintains, from nowhere.
It comes off the bow gravely,
Rephrases itself into the air.

DER VORGEZEICHNETE TON

Im äußersten Westen von Blasket
In einer Hütte, geschichtet aus Steinen,
Empfing er das wehende Lied aus der Nacht.

Seltsame Töne wurden gehört
Von anderen nach ihm, klingende Fragmente,
Eindringend mit lautem Wetter,

Doch nichts, das einer Melodie vergleichbar.
Er bezichtigte ihre Finger und Ohren
Als ungeübt, ihr Fiedeln als unfruchtbar.

Denn er war allein auf die Insel gegangen
Und hatte das ganze mitgebracht.
Das Haus hatte keuchend wie seine Geige gewacht.

Er mag dazu sagen: Geister-Musik,
Oder nicht, das ist mir gleich. Er nahm sie
Aus dem Sturm, und der kam aus dem Atlantik.

Er behauptet noch immer, von nirgendwo her.
Gemessen entspringt es dem Bogen,
Singt sich erneut dem Wind und dem Meer.

THE PLANTATION

Any point in that wood
Was a centre, birch trunks
Ghosting your bearings,
Improvising charmed rings

Wherever you stopped.
Though you walked a straight line
It might be a circle you travelled
With toadstools and stumps

Always repeating themselves.
Or did you re-pass them?
Here were blaeberries quilting the floor,
The black char of a fire

And having found them once
You were sure to find them again.
Someone had always been there
Though always you were alone.

Lovers, birdwatchers,
Campers, gipsies and tramps
Left some trace of their trades
Or their excrement.

Hedging the road so
It invited all comers
To the hush and the mush
Of its whispering treadmill,

Its limits defined,
So they thought, from outside.
They must have been thankful
For the hum of the traffic

DIE SCHONUNG

An jeder Stelle in diesem Wald
War eine Mitte, Birkenstämme ahmten
Gespenstisch deinen Standort nach,
Improvisierten Zauberringe

Wo immer du stehenbliebst.
Obwohl du gradeaus gingst,
Konnte es im Kreise sein,
Wenn giftige Pilze und Stümpfe

Sich stets wiederholten.
Oder gingst du mehrfach vorüber?
Hier polsterten Heidelbeeren den Boden
Hier schwärzte ihn die Asche eines Feuers

Doch wenn du das einmal fandest
Dann fandest du es sicher wieder.
Es war immer jemand dagewesen
Auch wenn du immer allein warst.

Die Liebespaare und die Vogelkundler,
Zigeuner, Zelter und Landstreicher,
Sie hinterließen die Spur ihres Wandels,
Gelegentlich auch ihren Kot.

Als Hecke an der Straße stand er,
So fühlten sich alle eingeladen
In das Verstummen und Brummen
Der flüsternden Tretmühle

Mit ihren klaren Grenzen,
So dachten sie von außen.
Sie mußten dankbar sein
Für das Gesumm des Verkehrs

If they ventured in
Past the picnickers' belt
Or began to recall
Tales of fog on the mountains.

You had to come back
To learn how to lose yourself,
To be pilot and stray – witch,
Hansel and Gretel in one.

Wenn sie sich über den Picknickstreifen
Hinaus gewagt hatten oder
Sich zu erinnern begannen
An die Geschichten vom Nebel im Gebirg.

Du mußtest wiederkommen
Um dich verlaufen zu lernen,
Um lotsend und verirrt zu sein – Hexe
Und Hänsel und Gretel auf einmal.

SHORELINE

Turning a corner, taking a hill
In County Down, there's the sea
Sidling and settling to
The back of a hedge. Or else

A grey bottom with puddles
Dead-eyed as fish.
Haphazard tidal craters march
The corn and the grazing.

All round Antrim and westward
Two hundred miles at Moher
Basalt stands to.
Both ocean and channel

Froth at the black locks
On Ireland. And strands
Take hissing submissions
Off Wicklow and Mayo.

Take any minute. A tide
Is rummaging in
At the foot of all fields,
All cliffs and shingles.

Listen. Is it the Danes,
A black hawk bent on the sail?
Or the chinking Normans?
Or currachs hopping high

On to the sand?
Strangford, Arklow, Carrickfergus,
Belmullet and Ventry
Stay, forgotten like sentries.

KÜSTENLINIE

Wenn man um eine Kurve, über einen Hügel fährt
In der Grafschaft Down, ist da die See,
Sie schmiegt sich und legt sich
An den Rücken einer Hecke. Oder auch

Ein graues Schwemmland mit Pfützen
Die toten Augen eines Fisches.
Vom Zufall der Gezeiten gehöhlt begrenzen Krater
Getreide und Weide.

Um Antrim überall und westlich
Zweihundert Meilen weiter bei Moher
Erhebt sich Basalt.
Sie beide, der Ozean und der Kanal

Begeifern die schwarze Sperre
Vor Irland. Und die Gestade
Empfangen zischende Demutsgesten
Bei Wicklow und Mayo.

Schau, jede Minute stöbert
Die Flut herum und herein
Am Fuße aller Felder
Und aller Klippen und Kiesel.

Hör zu. Sind es die Dänen,
Mit einem schwarzen Habicht, aufs Segel gebeugt?
Sind es Normannen mit ihrem Geklimper?
Sind es die Weidenboote von Fischern, die hoch

Hinauf aufs Ufer zu springen vermögen?
Strangford, Arklow, Carrickfergus,
Belmullet und Ventry,
Sie stehen vergessen, wie Schildwachen.

BOGLAND

for T. P. Flanagan

We have no prairies
To slice a big sun at evening –
Everywhere the eye concedes to
Encroaching horizon,

Is wooed into the cyclops' eye
Of a tarn. Our unfenced country
Is bog that keeps crusting
Between the sights of the sun.

They've taken the skeleton
Of the Great Irish Elk
Out of the peat, set it up
An astounding crate full of air.

Butter sunk under
More than a hundred years
Was recovered salty and white.
The ground itself is kind, black butter

Melting and opening underfoot,
Missing its last definition
By millions of years.
They'll never dig coal here,

Only the waterlogged trunks
Of great firs, soft as pulp.
Our pioneers keep striking
Inwards and downwards,

Every layer they strip
Seems camped on before.
The bogholes might be Atlantic seepage.
The wet centre is bottomless.

MOORLAND

für T. P. Flanagan

Wir haben keine Prärien
Um abends die große Sonne zu zerschneiden –
Das Auge gibt überall nach
Dem übergreifenden Horizont,

Umworben wird es vom Zyklopenauge
Des Bergsees. Unser zaunloses Land
Ist Moor das immer noch verkrustet zwischen
Den Augenblicken der Sonne.

Sie haben das Skelett
Des Irischen Riesenelchs
Aus dem Torf gehoben, es aufgestellt,
Erstaunliches Flechtwerk voll Luft.

Und Butter versank
Vor mehr als hundert Jahren,
Man fand sie salzig und weiß.
Der Boden selbst ist sanft, schwarze Butter,

Er schmilzt und öffnet sich unter der Sohle,
Verfehlt seine letzte Bestimmtheit
Seit Millionen von Jahren.
Nie werden sie hier Kohle fördern,

Nur Stämme, mit Wasser vollgesogen,
Von großen Nadelbäumen, weich wie Fruchtfleisch.
Noch immer stoßen unsre Pioniere
Nach innen und nach unten vor,

Und jede freigelegte Schicht
Scheint früher bewohnt gewesen.
Moorlöcher könnten atlantisches Sickerwasser sein.
Die nasse Mitte ist bodenlos.

from: WINTERING OUT

aus: ÜBERWINTERN

BOG OAK

A carter's trophy
split for rafters,
a cobwebbed, black,
long-seasoned rib

under the first thatch.
I might tarry
with the moustached
dead, the creel-fillers,

or eavesdrop on
their hopeless wisdom
as a blow-down of smoke
struggles over the half-door

and mizzling rain
blurs the far end
of the cart track.
The softening ruts

lead back to no
»oak groves«, no
cutters of mistletoe
in the green clearings.

Perhaps I just make out
Edmund Spenser,
dreaming sunlight,
encroached upon by

geniuses who creep
»out of every corner
of the woodes and glennes«
towards watercress and carrion.

MOOREICHE

Die Trophäe eines Fuhrmanns
zu Sparren zerkleinert,
spinnwebbehangne, schwarze,
lange gelagerte Rippe

unter der ersten Lage Stroh.
Ich könnte verharren
bei den schnurrbärtigen
Toten, den Fischkorb-Füllern,

oder heimlich lauschen
auf ihre hoffnungslose Weisheit
während niedergedrückter Rauch
über die Halbtür quillt

und Nieselregen
den ferneren Verlauf
des Feldwegs eintrübt.
Die aufweichenden Geleise

führen zu keinen
»eichenhainen« zurück, zu keinen
Mistelschneidern
in grünen Lichtungen.

Vielleicht entziffere ich gerade
Edmund Spenser,
Sonnenschein träumend,
in Anspruch genommen

von Genien, die kriechen
»herbei aus jeder ecke,
aus den wäldern und thälern«
auf Aas und Brunnenkresse zu.

ANAHORISH

My »place of clear water«,
the first hill in the world
where springs washed into
the shiny grass

and darkened cobbles
in the bed of the lane.
A n a h o r i s h, soft gradient
of consonant, vowel-meadow,

after-image of lamps
swung through the yards
on winter evenings.
With pails and barrows

those mound-dwellers
go waist-deep in mist
to break the light ice
at wells and dunghills.

ANAHORISH

Mein »Ort des klaren Wassers«,
der erste Hügel auf der Welt
wo Quellen sich spülten
ins schimmernde Gras

und gedunkelte Kiesel
im Bett der Schneise.
A n a h o r i s h, sanfter Hang
der Konsonanten, Vokal-Wiese,

Nachbild von Laternen,
durch die Höfe geschwungen
an Winterabenden.
Mit Kübeln und Tragen

gehen die Hügelbewohner
bis zur Hüfte im Nebel,
das dünne Eis zu brechen
an Brunnen und Dunghaufen.

SERVANT BOY

He is wintering out
the back-end of a bad year,
swinging a hurricane-lamp
through some outhouse;

a jobber among shadows.
Old work-whore, slave-
blood, who stepped fair-hills
under each bidder's eye

and kept your patience
and your counsel, how
you draw me into
your trail. Your trail

broken from haggard to stable,
a straggle of fodder
stiffened on snow,
comes first-footing

the back doors of the little
barons: resentful
and impenitent,
carrying the warm eggs.

DER KNECHT

Er ist am Überwintern:
das Ende eines schlechten Jahres,
schwingt eine Sturmlaterne
durch irgendein Nebengebäude;

ein Handlanger zwischen den Schatten.
Alte Arbeitshure, Sklavenblut,
geradewegs unter die Augen
jedes Käufers tretend

und deine Geduld bewahrend
und deinen Rat, wie
hast du mich auf deine Fährte
gelockt. Deine Fährte,

gebrochen zwischen Scheune und Stall
ein Umweg von Heu und von Stroh,
festgefroren am Schnee,
kommt mit frühesten Schritten

zur Hintertür des kleinen
Gutsherrn: ärgerlich
und unbußfertig,
die warmen Eier tragend.

THE LAST MUMMER

I

Carries a stone in his pocket,
an ash-plant under his arm.

Moves out of the fog
on the lawn, pads up the terrace.

The luminous screen in the corner
has them charmed in a ring

so he stands a long time behind them.
St. George, Beelzebub and Jack Straw

can't be conjured from mist.
He catches the stick in his fist

and, shrouded, starts beating
the bars of the gate.

His boots crack the road. The stone
clatters down off the slates.

II

He came trammelled
in the taboos of the country

picking a nice way through
the long toils of blood

and feuding.
His tongue went whoring

DER LETZTE SCHEMENLÄUFER

I

Trägt einen Stein in der Tasche,
einen Eschenschößling unterm Arm.

Kommt hervor aus dem Nebel
über den Rasen, stapft die Terrasse herauf.

Der lichtspendende Schirm in der Ecke
hält sie alle in einem Kreis bezaubert,

so steht er lange hinter ihnen.
Sankt Georg, Beelzebub und der Strohmann

werden nicht aus dem Nebel gebannt.
Er nimmt den Stock in die Hand

und fängt an, verkleidet, seine Schläge
an die Stäbe des Tors zu liefern.

Seine Stiefel knirschen auf dem Weg. Der Stein
poltert herab vom Schiefer.

II

Er kam verstrickt
in die Tabus des Landes,

fand geschickt einen Weg durch
die langen Schlingen von Blut

und von Fehde.
Hurend ging seine Rede

among the civil tongues,
he had an eye for weather-eyes

at cross-roads and lane-ends
and could don manners

at a flutter of curtains.
His straw mask and hunch were fabulous

disappearing beyond the lamplit
slabs of a yard.

III

You dream a cricket in the hearth
and cockroach on the floor,

a line of mummers
marching out the door

as the lamp flares in the draught.
Melted snow off their feet

leaves you in peace.
Again an old year dies

on your hearthstone, for good luck.
The moon's host elevated

in a monstrance of holly trees,
he makes dark tracks, who had

untousled a first dewy path
into the summer grazing.

zwischen gesitteten Zungen,
er hatte ein Auge für Wetteraugen

an Kreuzwegen und am Ende von Schneisen
und konnte Manieren anziehen

beim Flattern eines Vorhangs.
Die Strohmaske und der Höcker waren legendär

wie sie verschwanden, jenseits der beleuchteten
Platten eines Hofes.

III

Du träumst ein Heimchen am Herde
und eine Küchenschabe am Boden,

einen ganzen Mummenschanz
der die Tür hinauszieht

während die Lampe im Luftzug flackert.
Der geschmolzene Schnee von ihren Füßen

läßt dich in Frieden zurück.
Wieder stirbt ein altes Jahr

auf deiner Herdplatte, glückbringend.
Die Hostie des Mondes erhoben

in einer Monstranz aus Stechpalmen,
zieht er eine dunkle Spur, er der

einen ersten betauten Pfad glättete
zu den Weiden des Sommers.

GIFTS OF RAIN

I

Cloudburst and steady downpour now
for days.
            Still mammal,
straw-footed on the mud,
he begins to sense weather
by his skin.

A nimble snout of flood
licks over stepping stones
and goes uprooting.
                        He fords
his life by sounding.
                        Soundings.

II

A man wading lost fields
breaks the pane of flood:

a flower of mud-
water blooms up to his reflection

like a cut swaying
its red spoors through a basin.

His hands grub
where the spade has uncastled

sunken drills, an atlantis
he depends on. So

GABEN DES REGENS

I

Wolkenbruch und Landregen jetzt
seit Tagen.
Ein stummes Säugetier,
strohfüßig im Schlamm,
beginnt er das Wetter zu fühlen
mittels der Haut.

Ein frechflutendes Rinnsal
leckt über Trittsteine
und macht sich ans Entwurzeln.
Er findet die Furt
seines Lebens nach dem Klang.
Klänge.

II

Ein Mann durchwatet verlorene Felder
zerbricht die Scheibe der Überschwemmung:

eine Blume von Schlamm-
wasser erblüht seinem Spiegelbild

als reiße ein Hieb
seine rote Spur durch ein Becken.

Seine Hände wühlen
wo der Spaten freigelegt hatte

versunkene Furchen, ein Atlantis
von dem er abhängt. So

he is hooped to where he planted
and sky and ground

are running naturally among his arms
that grope the cropping land.

III

When rains were gathering
there would be an all-night
roaring off the ford.
Their world-schooled ear

could monitor the usual
confabulations, the race
slabbering past the gable,
the Moyola harping on

its gravel beds:
all spouts by daylight
brimmed with their own airs
and overflowed each barrel

in long tresses.
I cock my ear
at an absence –
in the shared calling of blood

arrives my need
for antediluvian lore.
Soft voices of the dead
are whispering by the shore

rief es ihn dorthin wo er pflanzte,
und Himmel und Boden

laufen natürlich durch seine Arme
die das keimende Land betasten.

III

Wenn die Regen sich versammelten
heulte es die ganze Nacht lang
auf der Höhe der Furt.
Ihr weltgeschultes Ohr

vermochte das übliche Geplauder
abzuhören, die Sippe
die über den Giebel geiferte,
den Moyola der über

seinem Kiesbett säuselte:
bei Tageslicht sprudelten alle
Traufen über mit ihrer eignen Melodie
und überfluteten jede Tonne

in langen Locken.
Und meine Ohren lauschen
auf ein Abwesendes –
Im gemeinsamen Ruf des Blutes

erscheint mein Begehren
nach vorsintflutlicher Kunde.
Sanfte Stimmen der Toten
flüstern am Ufer

that I would question
(and for my children's sake)
about crops rotted, river mud
glazing the baked clay floor.

IV

The tawny guttural water
spells itself: Moyola
is its own score and consort,

bedding the locale
in the utterance,
reed music, an old chanter

breathing its mists
through vowels and history.
A swollen river,

a mating call of sound
rises to pleasure me, Dives,
hoarder of common ground.

die ich befragen möchte
(und um meiner Kinder willen)
über verfaulte Ernten und Flußschlamm
der Böden aus gebranntem Lehm überzog.

IV

Das lohfarbne, kehlige Wasser
buchstabiert sich: Moyola
ist sich selber Noten und Zusammenklang,

bettet die Örtlichkeit
in die Äußerung,
Schilfmusik, ein alter Barde

der seine Nebel atmet
durch Vokale und Geschichte.
Des angeschwollnen Flusses Bann,

ein Ruf mit gleichem Klang am Ende
erhebt sich, mir zur Lust, dem Reichen Mann,
dem Raffer von Allmende.

BROAGH

Riverbank, the long rigs
ending in broad docken
and a canopied pad
down to the ford.

The garden mould
bruised easily, the shower
gathering in your heelmark
was the black O

in B r o a g h,
its low tattoo
among the windy boortrees
and rhubarb-blades

ended almost
suddenly, like that last
g h the strangers found
difficult to manage.

BROAGH

Flußufer, die langen Hügelflanken
enden in breiten Ampferwiesen
und einem überdachten Pfad
hinunter zur Furt.

Die Gartenerde war leicht
zu prägen, der Regenschauer,
im Abdruck deiner Ferse gesammelt,
war das schwarze O

aus B r o a g h,
sein leises Trommeln
zwischen windbewegten Machandelbäumen
und Rhabarberblättern

endete fast
plötzlich, wie jenes g h am Schluß,
mit dem die Fremden
Schwierigkeiten hatten.

ORACLE

Hide in the hollow trunk
of the willow tree,
its listening familiar,
until, as usual, they
cuckoo your name
across the fields.
You can hear them
draw the poles of stiles
as they approach
calling you out:
small mouth and ear
in a woody cleft,
lobe and larynx
of the mossy places.

ORAKEL

Versteck dich im hohlen
Stamm einer Weide,
sein Gelausch ist vertraut,
bis wie gewöhnlich mit einem
Kuckucksruf dir dein Name
über die Felder erschallt.
Du kannst sie schon hören
wie sie die Zauntritte öffnen,
wie sie sich nähern,
laut nach dir rufend:
winziges Maul und Ohr
in holzigem Spalt,
Muschel und Kehlkopf
der moosigen Orte.

TRADITIONS

For Tom Flanagan

I

Our guttural muse
was bulled long ago
by the alliterative tradition,
her uvula grows

vestigial, forgotten
like the coccyx
or a Brigid's Cross
yellowing in some outhouse

while custom, that »most
sovereign mistress«,
beds us down into
the British isles.

II

We are to be proud
of our Elizabethan English:
»varsity«, for example,
is grass-roots stuff with us;

we »deem« or we »allow«
when we suppose
and some cherished archaisms
are correct Shakespearean.

Not to speak of the furled
consonants of lowlanders
shuttling obstinately
between bawn and mossland.

TRADITIONEN

für Tom Flanagan

I

Unsere kehlige Muse
wurde vor langer Zeit
vom Stabreim bestiegen,
ihr Zäpfchen wächst

nur noch in Spuren, vergessen
wie die Kokkyx
oder ein Brigiden-Kreuz
das irgendwo im Nebengebäude vergilbt,

während die Sitte, jene »hoch-
erhabene Herrin«,
uns hinab bettet
in die Britischen Inseln.

II

Wir sind stolz auf
unser elisabethanisches Englisch:
»Hohe Schule« zum Beispiel
ist bei uns ganz bodenständig;

wir »vermeinen«, uns »dünkt« es,
wenn wir vermuten,
und manche liebevoll gehegten Archaismen
waren bei Shakespeare korrekt.

Gar nicht zu reden von den gerafften
Konsonanten der Leute vom Tiefland
die unbeirrt pendeln
zwischen Gehöft und Sumpfgebiet.

III

MacMorris, gallivanting
round the Globe, whinged
to courtier and groundling
who had heard tell of us

as going very bare
of learning, as wild hares,
as anatomies of death:
»What ish my nation?«

And sensibly, though so much
later, the wandering Bloom
replied, »Ireland«, said Bloom,
»I was born here. Ireland.«

III

MacMorris, als er rund um den Erdball
Aventüren suchte, winselte
Höflingen und Aufsteigern vor,
die über uns gehört hatten,

wir liefen völlig bar
jeder Bildung umher, wie Feldhasen
oder Leichen auf dem Seziertisch:
»Wos ischt mein Volk?«

Und verständig, obgleich so sehr
viel später wandernd, sagte Bloom
als Antwort: »Irland«, sagte Bloom,
»Ich bin hier geboren. Irland.«

A NEW SONG

I met a girl from Derrygarve
And the name, a lost potent musk,
Recalled the river's long swerve,
A kingfisher's blue bolt at dusk

And stepping stones like black molars
Sunk in the ford, the shifty glaze
Of the whirlpool, the Moyola
Pleasuring beneath alder trees.

And Derrygarve, I thought, was just,
Vanished music, twilit water,
A smooth libation of the past
Poured by this chance vestal daughter.

But now our river tongues must rise
From licking deep in native haunts
To flood, with vowelling embrace,
Demesnes staked out in consonants.

And Castledawson we'll enlist
And Upperlands, each planted bawn –
Like bleaching-greens resumed by grass –
A vocable, as rath and bullaun.

EIN NEUES LIED

Ich hab ein Mädchen aus Derrygarve kennengelernt,
Und der Name, ein verlorner starker Moschusgeruch,
Hat an den langen Umweg des Flusses erinnert,
An den blauen Eisvogelblitz im Abendduft

Und an einen Trittstein, ein schwarzer Backenzahn
In der Furt versunken, die hinterhältige Trübung
Des Strudels, und an den Moyola,
Unter den Erlen sich vergnügend.

Und Derrygarve, dachte ich, war rein,
Wasser im Zwielicht, Musik die verflossen,
Ein sanftes Trankopfer der Vergangenheit,
Von dieser Zufalls-Vestalin vergossen.

Doch jetzt muß unserer Flüsse Zunge steigen
Vom tiefen Lecken in heimatlicher Hut
Zur Woge, der Vokale zärtlicher Neigung,
Mit Konsonanten abgesteckt das Erbgut.

Und Castledawson werden wir bekommen
Und Upperlands, jeden eingepflanzten Pferch –
Wie Bleichrasen, vom Gras zurückgewonnen –
Eine Vokabel, wie Limes oder Perchtl.

THE OTHER SIDE

I

Thigh-deep in sedge and marigolds
a neighbour laid his shadow
on the stream, vouching

»It's poor as Lazarus, that ground,«
and brushed away
among the shaken leafage:

I lay where his lea sloped
to meet our fallow,
nested on moss and rushes,

my ear swallowing
his fabulous, biblical dismissal,
that tongue of chosen people.

When he would stand like that
on the other side, white-haired,
swinging his blackthorn

at the marsh weeds,
he prophesied above our scraggy acres,
then turned away

towards his promised furrows
on the hill, a wake of pollen
drifting to our bank, next season's tares.

DIE ANDERE SEITE

I

Schenkeltief in Riedgras und Totenblumen
warf ein Nachbar seinen Schatten
über den Strom, er bezeugte:

»Arm wie Lazarus ist er, jener Boden«,
und eilte davon
zwischen erzitterndem Laub:

Ich lag, wo seine Flur sich neigte
und an unsere Brache stieß,
ich nistete auf Moos und Binsen

und mein Ohr verschlang
seine legendäre, biblische Mißachtung,
die Sprache des auserwählten Volks.

Wenn er solcherart dastand
auf der anderen Seite, weißhaarig,
seinen Schwarzdornstock schwingend

gegen das Unkraut der Marsch,
prophezeite er über unsere mageren Morgen
und wandte sich dann ab,

seinen verheißenen Furchen zu
auf dem Hügel, eine Welle von Blütenstaub aber
trieb herüber zu unserem Hang, des nächsten
Jahres Plage.

II

For days we would rehearse
each patriarchal dictum:
Lazarus, the Pharaoh, Solomon

and David and Goliath rolled
magnificently, like loads of hay
too big for our small lanes,

or faltered on a rut –
»Your side of the house, I believe,
hardly rule by the book at all.«

His brain was a whitewashed kitchen
hung with texts, swept tidy
as the body o' the kirk.

III

Then sometimes when the rosary was dragging
mournfully on in the kitchen
we would hear his step round the gable

though not until after the litany
would the knock come to the door
and the casual whistle strike up

on the doorstep. »A right-looking night,«
he might say, »I was dandering by
and says I, I might as well call.«

II

Tagelang sagten wir her
jeden Ausspruch des Patriarchen:
Lazarus, Pharao, Salomon

und David und Goliath, sie rollten
gewaltig, wie Heuladungen,
zu breit für unsre schmalen Wege,

oder schwankten in der Wagenspur –
»Auf eurer Seite des Hauses, glaub ich,
gilt kaum die Herrschaft der Schrift.«

Sein Hirn war eine geweißte Küche,
behangen mit Bibeltexten, sauber gefegt
gleichwie der Leib des Tempels.

III

Manchmal aber, wenn der Rosenkranz klagend
zu Ende sich neigte, in der Küche,
hörten wir seinen Schritt um die Giebelwand kommen,

doch nicht vor dem Abschluß der Litanei
pflegte er an die Tür zu klopfen
und mit beiläufigem Pfeifen anzufangen

auf der Schwelle. »Der Abend sieht gut aus«,
sagte er wohl, »ich kam zufällig vorbei
und sagte mir, da kann ich auch reinschaun.«

But now I stand behind him
in the dark yard, in the moan of prayers.
He puts a hand in a pocket

or taps a little tune with the blackthorn
shyly, as if he were party to
lovemaking or a stranger's weeping.

Should I slip away, I wonder,
or go up and touch his shoulder
and talk about the weather

or the price of grass-seed?

Jetzt aber stehe ich hinter ihm
im dunklen Hof, im Jammer der Gebete.
Er steckt eine Hand in die Tasche

und klopft ein kleines Lied mit dem Schwarzdornstock,
betreten, als sei er zugegen, während
Liebe gemacht wird oder ein Fremder weint.

Soll ich mich entziehen, frage ich mich,
oder hingehn, ihm auf die Schulter klopfen
und über das Wetter reden

oder über den Preis der Grassaat?

from: A NORTHERN HOARD

And some in dreams assured were
Of the Spirit that plagued us so

1. ROOTS

Leaf membranes lid the window.
In the streetlamp's glow
Your body's moonstruck
To drifted barrow, sunk glacial rock.

And all shifts dreamily as you keen
Far off, turning from the din
Of gunshot, siren and clucking gas
Out there beyond each curtained terrace

Where the fault is opening. The touch of love,
Your warmth heaving to the first move,
Grows helpless in our old Gomorrah.
We petrify or uproot now.

I'll dream it for us before dawn
When the pale sniper steps down
And I approach the shrub.
I've soaked by moonlight in tidal blood

A mandrake, lodged human fork,
Earth sac, limb of the dark;
And I wound its damp smelly loam
And stop my ears against the scream.

aus: EIN NÖRDLICHER HORT

Und einige wurden in Träumen versichert
Des Geistes der so uns heimsuchte

1. WURZELN

Das Fenster von Laub-Membranen gehütet.
Obwohl die Straßenlaternen glühen,
Gleitet dein mondsüchtiger Leib
Zu verwehten Hügelgräbern, versunknen Felsen der Eiszeit.

Und alles verlagert sich traumhaft, während du fern
Die Toten beweinst, abgewandt vom Lärm
Der Schüsse, der Sirenen, des gluckenden Gases
Dort draußen jenseits der verhangnen Terrassen,

Wo die Verwerfung sich öffnet. Die liebende Berührung,
Das Anschwellen deiner Wärme zur ersten Bewegung
Wird in unserm alten Gomorrha zur Hilflosigkeit.
Wir werden jetzt entwurzelt oder versteint.

Vor Morgengrauen hab ich's für uns geträumt,
Wenn der bleiche Heckenschütze von oben kommt,
Dann hab ich das Gesträuch erreicht.
Bei Mondschein in Gezeitenblut eingeweicht

Eine Alraune, eingenistete menschliche Gabelung,
Erdbeutel, Gliedmaß der Dunkelung;
Und ich verwunde den feuchten, übelriechenden Brei
Und verschließe die Ohren gegen den Schrei.

3. STUMP

I am riding to plague again.
Sometimes under a sooty wash
From the grate in the burnt-out gable
I see the needy in a small pow-wow.
What do I say if they wheel out their dead?
I'm cauterized, a black stump of home.

3. STUMPF

Ich fahre wieder der Heimsuchung entgegen.
Manchmal sehe ich hinter verrußtem Putz
Durch das Fenstergitter einer ausgebrannten Giebelwand
Die Armen bei einem kleinen Palaver.
Was sage ich, wenn sie ihre Toten hinausfahren?
Ich bin ausgebrannt, ein schwarzer Stumpf von Heimat.

5. TINDER

We picked flints,
Pale and dirt-veined,

So small finger and thumb
Ached around them;

Cold beads of history and home
We fingered, a cave-mouth flame

Of leaf and stick
Trembling at the mind's wick.

We clicked stone on stone
That sparked a weak flame-pollen

And failed, our knuckle joints
Striking as often as the flints.

What did we know then
Of tinder, charred linen and iron,

Huddled at dusk in a ring,
Our fists shut, our hope shrunken?

What could strike a blaze
From our dead igneous days?

Now we squat on cold cinder,
Red-eyed, after the flames' soft thunder

5. ZUNDER

Wir sammelten Feuersteine,
Blaß, mit schmutzigen Streifen,

Finger und Daumen taten weh
Beim Halten, so klein waren sie;

Kalte Perlen aus Geschichte und Heimat
Handhabten wir, eine Flamme am Höhleneingang

Aus Stöcken und Blättern,
Am Docht des Gemüts erzitternd.

Wenn wir Stein an Stein schlugen
Mochten schwache Flammenstäubchen funken,

Doch sie erloschen, es trafen öfter
Als die Steine die Fingerknöchel.

Was wußten wir damals schon
Von Zunder, Eisen und Leinen, verkohlt,

Im Kreise hockend in Dämmerungen,
Die Fäuste geballt, die Hoffnung gesunken?

Was konnte die Flamme entfachen
Aus dem erloschnen Vulkan unsrer Tage?

Wenn wir jetzt auf kalter Schlacke kauern
Nach dem sanften Donner der Flammen, mit roten Augen,

And our thoughts settle like ash.
We face the tundra's whistling brush

With new history, flint and iron,
Cast-offs, scraps, nail, canine.

Sinken unsre Gedanken wie Asche herab.
Wir schaun das Gestrüpp der Steppe an

Mit neuer Geschichte, Eisen und Feuerstein,
Abfall, Schrott, Nagel, und dem Hund dabei.

THE TOLLUND MAN

I

Some day I will go to Aarhus
To see his peat-brown head,
The mild pods of his eye-lids,
His pointed skin cap.

In the flat country nearby
Where they dug him out,
His last gruel of winter seeds
Caked in his stomach,

Naked except for
The cap, noose and girdle,
I will stand a long time.
Bridegroom to the goddess,

She tightened her torc on him
And opened her fen,
Those dark juices working
Him to a saint's kept body,

Trove of the turfcutters'
Honeycombed workings.
Now his stained face
Reposes at Aarhus.

DER TOLLUND-MANN

I

Eines Tages werde ich nach Aarhus fahren
Um seinen torfbraunen Kopf zu sehen,
Die sanften Schoten seiner Augenlider,
Seine spitze Lederkappe.

Auf dem flachen Lande in der Nähe
Wo sie ihn ausgegraben haben,
Seine letzte Suppe aus Winterkorn
Im Magen zusammengebacken,

Ganz nackt bis auf
Kappe, Schlinge und Gürtel,
Werde ich lange stehen.
Ihm, dem Bräutigam für die Göttin,

Legte sie ihr Halsband an
Und öffnete ihr Fenn,
Jene dunklen Säfte, die ihn verarbeitet haben
Zum wohlerhaltenen Leib eines Heiligen,

Zur Fundsache der durchlöchernden Arbeit
Von Torfstechern.
Jetzt ruht in Aarhus
Sein gebeiztes Gesicht.

II

I could risk blasphemy,
Consecrate the cauldron bog
Our holy ground and pray
Him to make germinate

The scattered, ambushed
Flesh of labourers,
Stockinged corpses
Laid out in the farmyards,

Tell-tale skin and teeth
Flecking the sleepers
Of four young brothers, trailed
For miles along the lines.

III

Something of his sad freedom
As he rode the tumbril
Should come to me, driving,
Saying the names

Tollund, Grauballe, Nebelgard,
Watching the pointing hands
Of country people,
Not knowing their tongue.

Out there in Jutland
In the old man-killing parishes
I will feel lost,
Unhappy and at home.

II

Ich könnte es blasphemisch wagen
Und das große Kesselmoor,
Unsern heiligen Boden, ihm weihen und beten,
Er möge keimen lassen

Das zerstreute, einem Hinterhalt erlegene
Fleisch unsrer Arbeiter,
Leichen ohne Schuhe
Vor den Bauernhöfen aufgebahrt,

Indessen verräterisch Haut und Zähne
Die Schwellen sprenkelten,
Von vier jungen Brüdern, zu verfolgen
Meilenweit die Gleise entlang.

III

Ein Stück seiner traurigen Freiheit
Wie er auf dem Schinderkarren fuhr,
Sollte mich befallen, wenn ich fahre
Und die Namen spreche:

Tollund, Grauballe, Nebelgard,
Und die weisenden Finger
Der Leute vom Lande sehe,
Deren Sprache ich nicht kenne.

Dort draußen in Jütland
In den alten männermordenden Gemeinden
Werd ich mich verloren fühlen,
Unglücklich und daheim.

NERTHUS

For beauty, say an ash-fork staked in peat,
Its long grains gathering to the gouged split;

A seasoned, unsleeved taker of the weather,
Where kesh and loaning finger out to heather.

NERTHUS

Als Bild der Schönheit nimm eine Eschenforke, in den Torf gesteckt,
Deren längliche Maserung sich vereint, wo die Gabelung ausgekehlt;

Kampferprobt, ohne Hülle im Wetter gereift,
Dort wo die Schneise, der Torfkorb in die Heide greift.

WEDDING DAY

I am afraid.
Sound has stopped in the day
And the images reel over
And over. Why all those tears,

The wild grief on his face
Outside the taxi? The sap
Of mourning rises
In our waving guests.

You sing behind the tall cake
Like a deserted bride
Who persists, demented,
And goes through the ritual.

When I went to the gents
There was a skewered heart
And a legend of love. Let me
Sleep on your breast to the airport.

HOCHZEITSTAG

Ich habe Angst.
Geräusche kamen am Tag zum Stillstand
Und die Bilder spulen sich wieder
Und wieder ab. Warum all diese Tränen,

Warum der wilde Gram auf seinem Gesicht
Neben dem Taxi? Der Saft
Der Klage steigt hoch
In unsern winkenden Gästen.

Du singst hinter deinem großen Kuchen
Wie eine verlassene Braut
Die ausharrt, geistesgestört,
Und den ganzen Ritus hinter sich bringt.

Als ich auf Für Herren ging,
Gab es ein vom Pfeil getroffenes Herz
Und Sprüche von Liebe. Laß mich
An deiner Brust zum Flughafen schlafen.

SUMMER HOME

I

Was it wind off the dumps
or something in heat

dogging us, the summer gone sour,
a fouled nest incubating somewhere?

Whose fault, I wondered, inquisitor
of the possessed air.

To realize suddenly,
whip off the mat

that was larval, moving –
and scald, scald, scald.

II

Bushing the door, my arms full
of wild cherry and rhododendron,
I hear her small lost weeping
through the hall, that bells and hoarsens
on my name, my name.

O love, here is the blame.

The loosened flowers between us
gather in, compose
for a May altar of sorts.
These frank and falling blooms
soon taint to a sweet chrism.

Attend. Anoint the wound.

FERIENHAUS

I

War es der Wind von der Müllhalde
oder irgendetwas in der Hitze

was uns nachlief, war der Sommer schlecht geworden,
brütete irgendwo ein fauliges Nest?

Wer ist schuld, überlegte ich und verhörte
die besessene Luft.

Um plötzlich zu begreifen,
die Türmatte wegzureißen

die ganz Larven war, wimmelnd –
und kochendes Wasser zu gießen, gießen, gießen.

II

Als Gebüsch trete ich ein, die Arme voll
von wilden Kirschen und Rhododendron,
ich höre ihr kleines, verlorenes Weinen
durch die Diele, wie es läutet und heiser wird
auf meinen Namen, meinen Namen.

Ach Liebste, hier ist meine Schande.

Die zwischen uns gebreiteten Blumen
sammeln, gestalten sich
zu einer Art Marienaltar.
Die frei fallenden Blüten
verfaulen rasch zu süßem Salböl.

Pflege. Salbe die Wunde.

III

O we tented our wound all right
under the homely sheet

and lay as if the cold flat of a blade
had winded us.

More and more I postulate
thick healings, like now

as you bend in the shower
water lives down the tilting stoups
   of your breasts.

IV

With a final
unmusical drive
long grains begin
to open and split

ahead and once more
we sap
the white, trodden
path to the heart.

III

Oh ja, wir zelteten wohl unsre Wunde
unter der heimischen Decke

und lagen als ob eine kalte, breite Schneide
uns gekühlt hätte.

Zunehmend beanspruche ich
üppige Heilung, wie jetzt,

da du dich unter der Dusche neigst
und Wasser die kippenden Weihwasserschalen
deiner Brüste belebt.

IV

Mit einer letzten
unmusikalischen Wendung
beginnen lange Körner
aufzugehen, sich oben

zu spalten, und noch einmal
untergraben wir
den weißen, ausgetretenen
Pfad zum Herzen.

V

My children weep out the hot foreign night.
We walk the floor, my foul mouth takes it out
On you and we lie stiff till dawn
Attends the pillow, and the maize, and vine

That holds its filling burden to the light.
Yesterday rocks sang when we tapped
Stalactites in the cave's old, dripping dark –
Our love calls tiny as a tuning fork.

V

Die Kinder weinen die heiße, fremde Nacht aus.
Wir gehen auf und ab, mein verdorbner Mund läßt seine Wut
An dir aus, wir liegen steif, bis Morgengrauen
das Kissen pflegt und den Mais und den Weinstock

Der seine wachsende Last dem Licht darbringt.
Die gestrigen Felsen sangen, als wir an die Stalaktiten
Klopften, im Dunkel der Höhle, tropfend und alt –
Unsere Liebe ruft, wie eine Stimmgabel, zart.

SERENADES

The Irish nightingale
Is a sedge-warbler,
A little bird with a big voice
Kicking up a racket all night.

Not what you'd expect
From the musical nation.
I haven't even heard one –
Nor an owl, for that matter.

My serenades have been
The broken voice of a crow
In a draught or a dream,
The wheeze of bats

Or the ack-ack
Of the tramp corncrake
Lost in a no man's land
Between combines and chemicals.

So fill the bottles, love,
Leave them inside their cots.
And if they do wake us, well,
So would the sedge-warbler.

SERENADEN

Die irische Nachtigall
Ist ein Weidenzeisig,
Ein kleiner Vogel mit gewaltiger Stimme,
Laute Lustbarkeit die ganze Nacht.

Nicht was zu erwarten wäre
Vom musikalischen Volk.
Ich hab noch keinen gehört –
Übrigens auch keine Eule.

Meine Serenaden waren
Die gebrochene Stimme einer Krähe
Im Luftzug oder im Traum,
Fledermauspfeifen

Oder das Eck-eck
Des streunenden Wiesenknarrers,
Verloren im Niemandsland
Zwischen Mähdreschern und Kunstdünger.

Also füll die Flasche, Liebste,
Laß sie in ihren Bettchen.
Und wenn sie uns wecken, na gut,
Das täte auch der Weidenzeisig.

SHORE WOMAN

Man to the hills, woman to the shore.
Gaelic proverb

I have crossed the dunes with their whistling bent
Where dry loose sand was riddling round the air
And I'm walking the firm margin. White pocks
Of cockle, blanched roofs of clam and oyster
Hoard the moonlight, woven and unwoven
Off the bay. At the far rocks
A pale sud comes and goes.

Under boards the mackerel slapped to death
Yet still we took them in at every cast,
Stiff flails of cold convulsed with their first breath.
My line plumbed certainly the undertow,
Loaded against me once I went to draw
And flashed and fattened up towards the light.
He was all business in the stern. I called
»This is so easy that it's hardly right,«
But he unhooked and coped with frantic fish
Without speaking. Then suddenly it lulled,
We'd crossed where they were running, the line rose
Like a let-down and I was conscious
How far we'd drifted out beyond the head.
»Count them up at your end,« was all he said
Before I saw the porpoises' thick backs
Cartwheeling like the flywheels of the tide,
Soapy and shining. To have seen a hill
Splitting the water could not have numbed me more
Than the close irruption of that school,
Tight viscous muscle, hooped from tail to snout,
Each one revealed complete as it bowled out
And under.
They will attack a boat.
I knew it and I asked him to put in
But he would not, declared it was a yarn
My people had been fooled by far too long

STRANDFRAU

Der Mann in die Berge, das Weib an den Strand.
Gälisches Sprichwort

Ich hab die Dünen mit ihrem pfeifenden Ried überquert
Wo trockner, lockerer Sand die Luft durchsiebte,
Und gehe nun am festen Rand. Weiße Pocken
Der Herzmuscheln, gebleichte Dächer von Austern und Muscheln
Horten den Mondschein, verwebt und entwebt
Dicht an der Küste. Bei den entfernteren Felsen
Kommt und geht der blasse Schaum.

Zu Tode zappelten sich unten im Boot die Makrelen,
Aber trotzdem holten wir sie ein mit jedem Fang,
Mit ihrem ersten Atemzug zuckten kalte, steife Dreschflegel.
Meine Leine lotete sicher den Strudel
Und, sobald ich zu ziehen begann, belud sie sich
Gegen mich, blitzte, wurde fett, zum Licht hinauf.
Er war im Heck völlig beschäftigt. Ich rief aus:
»Das ist ja so einfach, das kann doch kaum recht sein«,
Aber er nahm die rasenden Fische vom Haken, betäubte sie,
Wortlos. Dann plötzlich kam weniger herauf,
Wir hatten ihren Wechsel überquert, die Leine kam hoch
Wie im Stich gelassen, und mir wurde bewußt
Wie weit wir bugwärts abgetrieben waren.
»Zähl die an deinem Ende«, war alles was er sagte,
Bevor ich die dicken Rücken der Tümmler sah,
Radschlagend wie das Schwungrad der Flut,
Seifig und glänzend. Einen Hügel zu sehen
Der das Wasser teilte, wär mir geringerer Schrecken gewesen
Als der dichte Überfall dieser Schule,
Fester, sämischer Muskel, gegürtet vom Schwanz bis zum Maul,
Ein jeder zeigte sich ganz, wenn er herauf
Und hinab glitt.
Gegen ein Boot werden sie kämpfen.
Ich wußte das und bat ihn umzukehren,
Er aber wollte nicht, erklärte es sei Seemannsgarn,
Schon viel zu lange ließen sich meine Leute so narren,

And he would prove it now and settle it.
Maybe he shrank when those sloped oily backs
Propelled towards us: I lay and screamed
Under splashed brine in an open rocking boat
Feeling each dunt and slither through the timber,
Sick at their huge pleasures in the water.

I sometimes walk this strand for thanksgiving
Or maybe it's to get away from him
Skittering his spit across the stove. Here
Is the taste of safety, the shelving sand
Harbours no worse than razor-shell or crab –
Though my father recalls carcasses of whales
Collapsed and gasping, right up to the dunes.
But to-night such moving sinewed dreams lie out
In darker fathoms, far beyond the head.
Astray upon a debris of scrubbed shells
Between parched dunes and salivating wave,
I have rights on this fallow avenue,
A membrane between moonlight and my shadow.

Und jetzt würde er das beweisen, ein für alle Mal.
Vielleicht schrak er zurück, als die schrägen, öligen Rücken
Sich uns entgegen schraubten: ich lag und schrie
Unter spritzender Lake im offenen, taumelnden Boot,
Ich fühlte jedes Stoßen und Gleiten durch die Spanten,
Von ihrer riesigen Lust im Wasser wurde mir schlecht.

Manchmal geh ich den Strand entlang, aus Dankbarkeit,
Oder vielleicht, um ihm fern zu sein,
Wenn er seine Spucke an den Ofen schleudert. Hier
Schmeckt es nach Sicherheit, der abgeflachte Sand beherbergt
Nichts Schlimmres als Messerschalenmuscheln und Krabben –
Obwohl mein Vater sich der Kadaver von Walen erinnert,
Wracks nun und keuchend, bis zu den Dünen hinauf.
Doch heute abend liegen so regsame, sehnige Träume draußen
In tieferen Gründen, viel weiter bugwärts.
Auf Abwegen von Scherben abgeschabter Muscheln,
Zwischen durstigen Dünen und speichelnden Wogen
Hab ich ein Recht auf diese vernachlässigte Straße,
Als Membran zwischen Mondschein und meinem Schatten.

MAIGHDEAN MARA

For Seán O h-Eochaidh

I

She sleeps now, her cold breasts
Dandled by undertow,
Her hair lifted and laid.
Undulant slow seawracks
Cast about shin and thigh,
Bangles of wort, drifting
Weeds catch, dislodge gently.

This is the great first sleep
Of homecoming, eight
Land years between hearth and
Bed steeped and dishevelled.
Her magic garment al-
most ocean-tinctured still.

II

He stole her garment as
She combed her hair: follow
Was all that she could do.
He hid it in the eaves
And charmed her there, four walls,
Warm floor, man-love nightly
In earshot of the waves.

She suffered milk and birth –
She had no choice – conjured
Patterns of home and drained
The tidesong from her voice.
Then the thatcher came and stuck
Her garment in a stack.
Children carried tales back.

MAIGHDEAN MARA

für Seán O h-Eochaidh

I

Jetzt schläft sie, ihre kalten Brüste
Schaukeln im Strudel,
Ihr Haar hebt und senkt sich.
Langsam wogender Tang
Über Schienbein und Schenkel geworfen,
Armreif aus Wurzeln, treibende
Algen fangen sie ein, verlagern sich sanft.

Dies ist der erste große Schlaf
Ihrer Heimkunft, acht
Landjahre zwischen Herd und Bett
Werden gewässert und zerzaust.
Ihr magisches Gewand ist fast
Noch ozeangefärbt.

II

Er stahl ihr Gewand als sie
Die Haare kämmte: Folgen
War alles was ihr übrigblieb.
In der Traufe versteckte er's
Und bannte sie dort, vier Wände,
Warmer Boden, Männerliebe nachts
In Hörweite der Wellen.

Da erlitt sie Milch und Geburt –
Ihr blieb keine Wahl –, sie zauberte
Häusliche Formen und trocknete
Das Lied der Gezeiten aus ihrer Stimme.
Dann kam der Dachdecker und stopfte
Ihr Gewand in einen Stapel Stroh.
Kinder erzählten es wieder.

III

In night air, entering
Foam, she wrapped herself
With smoke-reeks from his thatch,
Straw-musts and films of mildew.
She dipped his secret there
Forever and uncharmed

Accents of fisher wives,
The dead hold of bedrooms,
Dread of the night and morrow,
Her children's brush and combs.
She sleeps now, her cold breasts
Dandled by undertow.

III

In der Nachtluft, beim Eintritt
In die Gischt, verhüllte sie sich
Mit dem Rauchgestank seines Daches,
Dem Moder von Stroh und einer Haut von Mehltau.
Hier ertränkte sie sein Geheimnis
Für immer und enthexte

Den Dialekt der Fischerfrauen,
den toten Gewahrsam der Schlafzimmer,
Das Grauen der Nacht und des Morgens,
Die Kämme und Bürsten ihrer Kinder.
Jetzt schläft sie, ihre kalten Brüste
Schaukeln im Strudel.

LIMBO

Fishermen at Ballyshannon
Netted an infant last night
Along with the salmon.
An illegitimate spawning,

A small one thrown back
To the waters. But I'm sure
As she stood in the shallows
Ducking him tenderly

Till the frozen knobs of her wrists
Were dead as the gravel,
He was a minnow with hooks
Tearing her open.

She waded in under
The sign of her cross.
He was hauled in with the fish.
Now limbo will be

A cold glitter of souls
Through some far briny zone.
Even Christ's palms, unhealed,
Smart and cannot fish there.

VORHÖLLE

Fischer von Ballyshannon
Hatten letzte Nacht ein Kind im Netz
Zwischen den Lachsen.
Ein unrechtmäßiger Laich,

Ein Kleines, zurückgeworfen
In die Wasser. Ich aber bin sicher,
Als sie im Watt stand,
Zärtlich ihn eintauchte

Bis die erfrornen Knöchel ihrer Handgelenke
Tot waren wie der Kies,
War er eine Elritze mit Haken
Die an ihr rissen.

Hinein watete sie unter
Dem Zeichen des Kreuzes.
Eingeholt wurde er mit den Fischen.
Jetzt wird Vorhölle sein,

Kaltes Seelengeglitzer draußen
In irgendeiner Salzwasserzone.
Selbst die Handflächen Christi, ungeheilt,
Schmerzen und können dort nicht fischen.

BYE-CHILD

He was discovered in the henhouse where she had confined him. He was incapable of saying anything.

When the lamp glowed,
A yolk of light
In their back window,
The child in the outhouse
Put his eye to a chink –

Little henhouse boy,
Sharp-faced as new moons
Remembered, your photo still
Glimpsed like a rodent
On the floor of my mind,

Little moon man,
Kennelled and faithful
At the foot of the yard,
Your frail shape, luminous,
Weightless, is stirring the dust,

The cobwebs, old droppings
Under the roosts
And dry smells from scraps
She put through your trapdoor
Morning and evening.

After those footsteps, silence;
Vigils, solitudes, fasts,
Unchristened tears,
A puzzled love of the light.
But now you speak at last

With a remote mime
Of something beyond patience,
Your gaping wordless proof
Of lunar distances
Travelled beyond love.

BASTARD

Er wurde in dem Hühnerstall entdeckt, in den sie ihn gesperrt hatte. Er war unfähig, etwas zu sprechen.

Wenn die Lampe schimmerte,
Ein Dotter aus Licht
In ihrem Fenster nach hinten,
Spähte das Kind im Nebengebäude
Durch eine Ritze –

Kleiner Hühnerstall-Junge,
Scharfgesichtig wie Neumond
In der Erinnerung, dein Photo
Blickte wie eine Maus
Auf dem Boden meiner Vorstellung.

Kleiner Mann im Mond,
Eingelocht und vertrauensvoll
Am untern Ende des Hofs.
Deine lichte, gewichtlos
Zerbrechliche Gestalt stört den Staub auf,

Spinnweben, alten Mist
Unter den Hühnerstangen
Und trocknen Geruch von den Essensresten
Die sie dir morgens und abends
Durch die Türklappe schob.

Nach jenen Schritten war Schweigen;
Nachtwache, Einsamkeit, Fasten,
Ungetaufte Tränen,
Verwirrte Liebe zum Licht.
Aber jetzt sprichst du schließlich

Mit entlegener Pantomime
Von etwas jenseits der Geduld,
Dein klaffender, wortloser Beweis
Für mondweite Ferne
Wanderte jenseits der Liebe.

GOOD-NIGHT

A latch lifting, an edged den of light
Opens across the yard. Out of the low door
They stoop into the honeyed corridor,
Then walk straight through the wall of the dark.

A puddle, cobble-stones, jambs and doorstep
Are set steady in a block of brightness.
Till she strides in again beyond her shadows
And cancels everything behind her.

GUTE NACHT

Die Klinke hebt sich, ein eckiges Lichtloch
Öffnet sich auf den Hof. Aus der niedrigen Tür
Beugen sie sich in den honigfarbenen Gang
Und gehen dann geradewegs durch die Mauer des Dunkels.

Kopfsteine und eine Pfütze, Gewände und Schwelle
Liegen reglos im Block der Helligkeit.
Bis sie zurück hinter ihre Schatten tritt
Und alles hinter sich löscht.

WESTERING

In California

I sit under Rand McNally's
»Official Map of the Moon« –
The colour of frogskin,
Its enlarged pores held

Open and one called
»Pitiscus« at eye level –
Recalling the last night
In Donegal, my shadow

Neat upon the whitewash
From her bony shine,
The cobbles of the yard
Lit pale as eggs.

Summer had been a free fall
Ending there,
The empty amphitheatre
Of the west. Good Friday

We had started out
Past shopblinds drawn on the afternoon,
Cars stilled outside still churches,
Bikes tilting to a wall;

We drove by,
A dwindling interruption
As clappers smacked
On a bare altar

And congregations bent
To the studded crucifix.
What nails dropped out that hour?
Roads unreeled, unreeled

GEN WESTEN

In Kalifornien

Ich sitze unter Rand McNallys
»Amtlicher Karte des Mondes« –
Von der Farbe der Froschhaut,
Die vergrößerten Poren offen

Gehalten, und eine in Augenhöhe
Heißt »Pitiscus« –
Das gemahnt an den letzten Abend
In Donegal, wo mein Schatten

Sauber auf den weißen Verputz fiel
Vor seinem mageren Schimmer,
Die Kopfsteine auf dem Hof
Bleich beschienen wie Eier.

Der Sommer war freier Fall gewesen
Und endete dort.
Das leere Amphitheater
Des Westens. Karfreitag

Waren wir losgefahren
An nachmittäglich verschlossnen Läden vorbei,
Vor stillen Kirchen abgestellten Wagen,
An Mauern angelehnten Rädern.

Wir fuhren vorbei,
Eine entschwindende Störung,
Während die Glöckchen klackten
Auf kahlem Altar

Und die Gemeinden sich verneigten
Vor dem angenagelten Kruzifix.
Welche Nägel fielen in jener Stunde heraus?
Straßen spulten und spulten sich ab,

Falling light as casts
Laid down
On shining waters.
Under the moon's stigmata

Six thousand miles away,
I imagine untroubled dust,
A loosening gravity,
Christ weighing by his hands.

Fallendes Licht wie ausgeworfene Netze
Legte sich nieder
Auf schimmernde Wasser.
Unter den Stigmata des Mondes

Sechstausend Meilen entfernt,
Stell ich mir ungestörten Staub vor,
Nachlassende Schwerkraft,
Christus, der mit seinen Händen wägt.

from: NORTH

aus: NORDEN

MOSSBAWN:
TWO POEMS IN DEDICATION

For Mary Heaney

1. SUNLIGHT

There was a sunlit absence.
The helmeted pump in the yard
heated its iron,
water honeyed

in the slung bucket
and the sun stood
like a griddle cooling
against the wall

of each long afternoon.
So, her hands scuffled
over the bakeboard,
the reddening stove

sent its plaque of heat
against her where she stood
in a floury apron
by the window.

Now she dusts the board
with a goose's wing,
now sits, broad-lapped,
with whitened nails

and measling shins:
here is a space
again, the scone rising
to the tick of two clocks.

MOOSHOF: ZWEI GEWIDMETE GEDICHTE

für Mary Heaney

1. SONNENLICHT

Sonnenbeschienene Abwesenheit.
Die behelmte Pumpe im Hof
erhitzte ihr Eisen,
Wasser wurde zu Honig

im angehängten Eimer,
und es stand die Sonne
wie eine auskühlende Pfanne
an der Wand

eines jeden langen Nachmittags.
Während ihre Hände walkten
auf dem Backbrett,
sandte der erglühende Ofen

seine Hitze in Tafeln
gegen sie an, wo sie stand
in der mehligen Schürze
am Fenster.

Jetzt staubt sie das Brett ab
mit einem Gänseflügel,
jetzt sitzt sie, mit breitem Schoß,
mit weißgefärbten Fingernägeln

und geröteten Waden:
Hier ist wieder
Raum, während das Kuchenbrot aufgeht
beim Ticken zweier Uhren.

And here is love
like a tinsmith's scoop
sunk past its gleam
in the meal-bin.

Und hier ist Liebe
wie der Löffel des Zinngießers,
über den eignen Schimmer hinaus versunken
im Mehlkasten.

2. THE SEED CUTTERS

They seem hundreds of years away. Breughel,
You'll know them if I can get them true.
They kneel under the hedge in a half-circle
Behind a windbreak wind is breaking through.
They are the seed cutters. The tuck and frill
Of leaf-sprout is on the seed potatoes
Buried under that straw. With time to kill
They are taking their time. Each sharp
knife goes
Lazily halving each root that falls apart
In the palm of the hand: a milky gleam,
And, at the centre, a dark watermark.
O calendar customs! Under the broom
Yellowing over them, compose the frieze
With all of us there, our anonymities.

2. DIE SAATSCHNEIDER

Sie scheinen Jahrhunderte entfernt zu sein. Breughel,
Wenn meine Beschreibung gelingt, erkennst du sie recht.
Im Halbkreis knien sie unter den Bäumen
Hinter einem Windschutz, den der Wind durchbricht.
Es sind Saatschneider. Rüsche und Reif
Der Krauttriebe sind auf den Saatkartoffeln
Unter dem Stroh da begraben. Sie lassen sich Zeit
Denn sie haben Zeit totzuschlagen. Die scharfen Messer gehn wohlig
Halbierend durch jede Knolle, in der Handfläche
Fallen sie auseinander: ein milchiger Schimmer
Und in der Mitte ein dunkles Wasserzeichen.
O kalendarische Bräuche! Unter dem Ginster
Der über ihnen gilbt, vollendet ihr dort
Den Fries von uns allen, namenlos.

FUNERAL RITES

I

I shouldered a kind of manhood
stepping in to lift the coffins
of dead relations.
They had been laid out

in tainted rooms,
their eyelids glistening,
their dough-white hands
shackled in rosary beads.

Their puffed knuckles
had unwrinkled, the nails
were darkened, the wrists
obediently sloped.

The dulse-brown shroud,
the quilted satin cribs:
I knelt courteously
admiring it all

as wax melted down
and veined the candles,
the flames hovering
to the women hovering

behind me.
And always, in a corner,
the coffin lid,
its nail-heads dressed

BEGRÄBNISRITEN

I

Ich schulterte einige Mannhaftigkeit
als ich hineinging, die Särge
toter Verwandter zu heben.
Man hatte sie aufgebahrt

in verseuchten Zimmern,
die Augenlider gleißend,
die teigig weißen Hände
in den Rosenkranzperlen gefesselt.

Die aufgetriebenen Knöchel
waren entrunzelt, die Nägel
dunkel geworden, die Handgelenke
gehorsam geneigt.

Das seetang-braune Leichentuch,
der Trog von gestepptem Satin:
ich kniete ehrerbietig
das alles zu bewundern

während Wachs herabschmolz
und die Kerzen äderte,
die Flammen den schwankenden
Frauen zuschwankten

hinter mir.
Und jedesmal in einer Ecke
der Sargdeckel,
die Nägelköpfe besetzt

with little gleaming crosses.
Dear soapstone masks,
kissing their igloo brows
had to suffice

before the nails were sunk
and the black glacier
of each funeral
pushed away.

II

Now as news comes in
of each neighbourly murder
we pine for ceremony,
customary rhythms:

the temperate footsteps
of a cortège, winding past
each blinded home.
I would restore

the great chambers of Boyne,
prepare a sepulchre
under the cupmarked stones.
Out of side-streets and bye-roads

purring family cars
nose into line,
the whole country tunes
to the muffled drumming

mit kleinen glitzernden Kreuzen.
Liebe Masken von Speckstein,
ihre Iglu-Stirnen zu küssen,
das mußte genügen

bevor die Nägel eingetrieben wurden
und der schwarze Gletscher
eines jeden Begräbnisses
fort drängte.

II

Wenn jetzt die Nachrichten kommen
von jedem Mord in der Nachbarschaft,
sehnen wir uns nach Zeremonien,
nach Rhythmen des Brauches:

nach den gemäßigten Schritten
eines Trauerzugs, der sich windet
vorbei an jedem Haus mit geschlossenen Läden.
Ich möchte erneuern

die großen Kammern von Boyne,
ein Grabmal bereiten
unter den zernarbten Steinen.
Aus den Seitenstraßen und Nebenwegen

reihen sich surrende Familienlimousinen
in einer Linie auf,
das ganze Land stimmt ein
ins gedämpfte Trommeln

of ten thousand engines.
Somnambulant women,
left behind, move
through emptied kitchens

imagining our slow triumph
towards the mounds.
Quiet as a serpent
in its grassy boulevard

the procession drags its tail
out of the Gap of the North
as its head already enters
the megalithic doorway.

III

When they have put the stone
back in its mouth
we will drive north again
past Strang and Carling fjords

the cud of memory
allayed for once, arbitration
of the feud placated,
imagining those under the hill

disposed like Gunnar
who lay beautiful
inside his burial mound,
though dead by violence

von zehntausend Motoren.
Es schlafwandeln Frauen,
zurückgelassen,
durch entleerte Küchen

und denken sich den langsamen Triumphzug,
den Hügeln entgegen.
Geräuschlos wie eine Schlange
auf ihrer prächtigen Straße von Gras

zieht die Prozession ihr Ende
aus der Nördlichen Schlucht hervor,
indessen ihr Kopf bereits
ins megalithische Tor eintritt.

III

Wenn sie den Stein zurück
in den Mund geschoben haben,
werden wir wieder nach Norden fahren
vorbei an den Fjorden von Strang und Carling,

das wiedergekaute Gedenken
für diesmal besänftigt, das Schiedsverfahren
der Fehde versöhnt,
jene unter dem Hügel denken wir uns

zur Schau gestellt wie Gunnar,
der sehr schön lag
in seiner Grabkammer,
obwohl gewaltsam getötet

and unavenged.
Men said that he was chanting
verses about honour
and that four lights burned

in corners of the chamber:
which opened then, as he turned
with a joyful face
to look at the moon.

und ungerächt.
Männer sagten, er habe
Verse über die Ehre gesungen
und vier Lichter hätten gebrannt

in den Ecken der Kammer:
die sich dann öffnete, als er sich wandte
mit freudigem Gesicht
den Mond zu betrachten.

NORTH

I returned to a long strand,
the hammered shod of a bay,
and found only the secular
powers of the Atlantic thundering.

I faced the unmagical
invitations of Iceland,
the pathetic colonies
of Greenland, and suddenly

those fabulous raiders,
those lying in Orkney and Dublin
measured against
their long swords rusting,

those in the solid
belly of stone ships,
those hacked and glinting
in the gravel of thawed streams

were ocean-deafened voices
warning me, lifted again
in violence and epiphany.
The longship's swimming tongue

was buoyant with hindsight –
it said Thor's hammer swung
to geography and trade,
thick-witted couplings and revenges,

the hatreds and behindbacks
of the althing, lies and women,
exhaustions nominated peace,
memory incubating the spilled blood.

NORDEN

Ich kehrte zurück an einen langen Strand,
gehämmertes Hufeisen einer Bucht
und fand bloß die uralten
Kräfte des donnernden Atlantik.

Ich erblickte Islands
magielose Einladung,
Grönlands rührende
Kolonien, und plötzlich

jene legendären Plünderer,
jene, die in Orkney und Dublin liegen,
gemessen an
ihren langen rostenden Schwerten,

jene im festen Bauch
von steinernen Schiffen,
jene, zerschlissen und glitzernd,
im Kies getauter Ströme,

sie waren ozeanbetäubte Stimmen,
mir zur Warnung noch einmal erhoben
in Gewalt und Offenbarung.
Die schwimmende Zunge des Drachenschiffs

gewann Schwung aus dem Rückblick –
Sie sagte Thors Hammer, geschwungen
gegen Lande und Handel,
stumpfsinnige Bindung und Rache,

Haß und Hinterlist
des Althing, Lügen und Weiber,
Frieden genannte Erschöpfung,
Gedenken, von vergossenem Blut verseucht.

It said, »Lie down
in the word-hoard, burrow
the coil and gleam
of your furrowed brain.

Compose in darkness.
Expect aurora borealis
in the long foray
but no cascade of light.

Keep your eye clear
as the bleb of the icicle,
trust the feel of what nubbed treasure
your hands have known.«

Sie sagte: »Leg dich
in den Wort-Hort, erforsche
Windung und Schimmer
deines gefurchten Hirns.

Gestalte im Dunkel.
Erwarte das Nordlicht
auf dem langen Raubzug,
aber keine Kaskaden von Licht.

Halte dein Auge klar
wie eine Blase im Eiszapfen,
trau dem Gefühl, welchen verknoteten Schatz
deine Hände einst kannten.«

VIKING DUBLIN: TRIAL PIECES

I

It could be a jaw-bone
or a rib or a portion cut
from something sturdier:
anyhow, a small outline

was incised, a cage
or trellis to conjure in.
Like a child's tongue
following the toils

of his calligraphy,
like an eel swallowed
in a basket of eels,
the line amazes itself

eluding the hand
that fed it,
a bill in flight,
a swimming nostril.

II

These are trial pieces,
the craft's mystery
improvised on bone:
foliage, bestiaries,

interlacings elaborate
as the netted routes
of ancestry and trade.
That have to be

WIKINGER-DUBLIN: PROBESCHERBEN

I

Es könnte ein Kieferknochen sein
oder eine Rippe oder ein Stück
aus Festerem herausgeschnitten:
jedenfalls wurde ein kleiner Umriß

eingeritzt, ein Käfig
oder ein Gitter, um darin zu hexen.
Wie die Zunge eines Kindes
die den Schlingen seiner

Schönschrift folgt,
wie ein Aal, den ein Korb
voller Aale verschlingt,
erstaunt die Linie sich selbst

wenn sie der Hand entgleitet
welche sie nährte,
ein Schnabel im Flug,
eine schwimmende Nüster.

II

Dies sind Probescherben,
das Geheimnis des Handwerks
auf Knochen skizziert:
Laubwerk, Getier,

kunstvoll verwobene Bänder
wie die vernetzten Straßen
von Stammbaum und Handel.
Voll ausgespielt müssen sie

magnified on display
so that the nostril
is a migrant prow
sniffing the Liffey,

swanning it up to the ford,
dissembling itself
in antler combs, bone pins,
coins, weights, scale-pans.

III

Like a long sword
sheathed in its moisting
burial clays,
the keel stuck fast

in the slip of the bank,
its clinker-built hull
spined and plosive
as D u b l i n.

And now we reach in
for shards of the vertebrae,
the ribs of hurdle,
the mother-wet caches –

and for this trial piece
incised by a child,
a longship, a buoyant
migrant line.

vergrößert werden
so daß die Nüster
ein ziehender Bug ist,
im Liffey schnüffelnd

schwanhaft hinauf zur Furt,
sich selbst nicht mehr ähnlich
auf Hornkämmen, Knochennadeln,
Münzen, Gewichten und Waagschalen.

III

Wie ein langes Schwert
in der Scheide des feuchtenden
Lehms seines Grabes
stak der Kiel fest

im Landeplatz des Ufers,
sein klinkergebauter Rumpf
hatte Grat und Verschlußlaut
wie D u b l i n.

Und jetzt fassen wir hinein
nach den Scherben der Wirbel,
den Flechtrippen,
dem hefefeuchten, versteckten Vorrat –

und nach diesem Probescherben,
von einem Kind geritzt,
ein Drachenschiff, eine schwimmende
Zugvogel-Linie.

IV

That enters my longhand,
turns cursive, unscarfing
a zoomorphic wake,
a worm of thought

I follow into the mud.
I am Hamlet the Dane,
skull-handler, parablist,
smeller of rot

in the state, infused
with its poisons,
pinioned by ghosts
and affections,

murders and pieties,
coming to consciousness
by jumping in graves,
dithering, blathering.

V

Come fly with me,
come sniff the wind
with the expertise
of the Vikings –

neighbourly, scoretaking
killers, haggers
and hagglers, gombeen-men,
hoarders of grudges and gain.

IV

Welche eindringt in meine Schrift,
kursiv wird und einen
tiergestaltigen Sog freilegt,
einen Gedankenwurm

dem ich folge, in den Schlamm.
Ich bin Hamlet der Däne,
Schädelbetaster, Gleichnismacher,
Riecher des Faulen

im Staat, durchdrungen
von dessen Giften,
gelähmt von Gespenstern
und Anwandlungen,

Morden und Rücksichten,
zum Bewußtsein kommend
durch Sprünge in Gräber,
zitterig, hirnrissig redend.

V

Komm, flieg mit mir,
komm, schnüffle den Wind
mit der Erfahrenheit
von Wikingern –

nachbarliche, Beute machende
Totschläger, Peiniger
und Zerstückler, Wucherer,
Wahrer von Gewinn und Plünderung.

With a butcher's aplomb
they spread out your lungs
and made you warm wings
for your shoulders.

Old fathers, be with us.
Old cunning assessors
of feuds and of sites
for ambush or town.

VI

»Did you ever hear tell,«
said Jimmy Farrell,
»of the skulls they have
in the city of Dublin?

White skulls and black skulls
and yellow skulls, and some
with full teeth, and some
haven't only but one,«

and compounded history
in the pan of »an old Dane,
maybe, was drowned
in the Flood.«

My words lick around
cobbled quays, go hunting
lightly as pampooties
over the skull-capped ground.

Mit dem sicheren Metzgerschnitt
weiteten sie deine Lungen
und machten dir warme Flügel
für die Schultern.

Alte Väter, steht uns bei.
Alte gerissne Bewerter
von Fehden und Gegenden
für Stadtgründung oder Hinterhalt.

VI

»Hast du schon mal gehört«,
fragte Jim Farrell,
»von den Schädeln
die sie in der Stadt Dublin haben?

Weiße Schädel und schwarze Schädel
und gelbe Schädel, und manche
mit allen Zähnen, und manche
haben bloß noch einen«,

und Geschichte zusammengefaßt
in der Rübe eines »alten Dänen,
ersoffen, vielleicht,
in der Großen Flut.«

Meine Worte züngeln am Kopfsteinpflaster
der Kais herum, gehn auf die Jagd,
leicht wie Mokassins
auf dem schädelbedeckten Boden.

BOG QUEEN

I lay waiting
between turf-face and demesne wall,
between heathery levels
and glass-toothed stone.

My body was braille
for the creeping influences:
dawn suns groped over my head
and cooled at my feet,

through my fabrics and skins
the seeps of winter
digested me,
the illiterate roots

pondered and died
in the cavings
of stomach and socket.
I lay waiting

on the gravel bottom,
my brain darkening,
a jar of spawn
fermenting underground

dreams of Baltic amber.
Bruised berries under my nails,
the vital hoard reducing
in the crock of the pelvis.

My diadem grew carious,
gemstones dropped
in the peat floe
like the bearings of history.

MOORKÖNIGIN

Ich lag und wartete
zwischen der Torfdecke und der Domänenmauer,
zwischen heidebewachsenen Flächen
und Steinen mit gläsernen Zähnen.

Mein Körper war Blindenschrift
für die ankriechenden Mächte:
dämmernde Sonnen betasteten meinen Kopf
und kühlten zu meinen Füßen ab,

durch meine Gewebe und Häute
verdaute mich
das Sickerwasser des Winters,
die leseunkundigen Wurzeln

sannen und starben
in den Tiefen
von Magen und Augenhöhle.
Ich lag und wartete

auf dem Kieselboden
während mein Hirn dunkelte,
ein Topf voll Laich
der unterirdisch Träume

von baltischem Bernstein vergärt.
Zerquetschte Beeren unter den Nägeln,
der Lebenshort wird weniger
im Scherben des Beckens.

Mein Diadem zerbröckelte,
Juwelen fielen
in die Torfschollen
wie Ortungen der Geschichte.

My sash was a black glacier
wrinkling, dyed weaves
and phoenician stitchwork
retted on my breasts'

soft moraines.
I knew winter cold
like the nuzzle of fjords
at my thighs –

the soaked fledge, the heavy
swaddle of hides.
My skull hibernated
in the wet nest of my hair.

Which they robbed.
I was barbered
and stripped
by a turfcutter's spade

who veiled me again
and packed coomb softly
between the stone jambs
at my head and my feet.

Till a peer's wife bribed him.
The plait of my hair,
a slimy birth-cord
of bog, had been cut

and I rose from the dark,
hacked bone, skull-ware,
frayed stitches, tufts,
small gleams on the bank.

Meine Schärpe wurde zum schwarzen
zerknitterten Gletscher, eingefärbtes Gewebe
und phönizische Stickerei
rötteten auf den sanften

Moränen meiner Brüste.
Ich erfuhr Winterkälte
als schmiegten die Fjorde ihre Schnauze
an meine Schenkel –

durchfeuchtetes Gefieder, schwere
Windeln von Fell.
Mein Schädel hielt Winterschlaf
im nassen Nest meines Haars.

Welches sie raubten.
Ich wurde rasiert
und entkleidet
vom Spaten eines Torfstechers

der mich wieder verhüllte
und sanft die enge Schlucht belud
zwischen den steinernen Pfosten
zu meinen Häupten und Füßen.

Bis eines Grafen Frau ihn bestach.
Die Tresse meines Haars,
eine schleimige Nabelschnur
von Moor, war abgeschnitten

und ich erstand aus dem Dunkel,
zerkerbte Knochen, Schädelzeug,
verschlissne Stickerei, Büschel,
winziges Schimmern am Ufer.

THE GRAUBALLE MAN

As if he had been poured
in tar, he lies
on a pillow of turf
and seems to weep

the black river of himself.
The grain of his wrists
is like bog oak,
the ball of his heel

like a basalt egg.
His instep has shrunk
cold as a swan's foot
or a wet swamp root.

His hips are the ridge
and purse of a mussel,
his spine an eel arrested
under a glisten of mud.

The head lifts,
the chin is a visor
raised above the vent
of his slashed throat

that has tanned and toughened.
The cured wound
opens inwards to a dark
elderberry place.

Who will say »corpse«
to his vivid cast?
Who will say »body«
to his opaque repose?

DER GRAUBALLE-MANN

Als sei er aus Teer
gegossen, so liegt er
auf einem Kissen von Torf
und scheint den schwarzen

Fluß seiner selbst zu weinen.
Die Körnung seiner Handgelenke
gleicht der Mooreiche,
der Ballen seiner Ferse

einem Ei von Basalt.
Sein Rist ist geschrumpft,
kalt wie ein Schwanenfuß
oder eine feuchte Sumpfwurzel.

Seine Hüften sind Rücken
und Beutel einer Muschel,
sein Rückgrat ein Aal, festgehalten
unter glitzerndem Schlamm.

Der Kopf ist erhoben,
das Kinn ein Visier,
geöffnet über dem Loch
der aufgeschlitzten Kehle

die gegerbt ist und zäh geworden.
Die geheilte Wunde
klafft nach innen auf eine dunkle
Holunderbeer-Stelle.

Wer könnte »Leiche« sagen
zu seinem lebendigen Abguß?
Wer könnte »Körper« sagen
zu dieser opaken Gelassenheit?

And his rusted hair,
a mat unlikely
as a foetus's.
I first saw his twisted face

in a photograph,
a head and shoulder
out of the peat,
bruised like a forceps baby,

but now he lies
perfected in my memory,
down to the red horn
of his nails,

hung in the scales
with beauty and atrocity:
with the Dying Gaul
too strictly compassed

on his shield,
with the actual weight
of each hooded victim,
slashed and dumped.

Und sein brandiges Haar,
ein unglaublicher Filz
wie das eines Foetus.
Ich sah sein entstelltes Gesicht

zum ersten Mal auf einem Photo,
ein Kopf und eine Schulter
aus dem Moor ragend,
gequetscht wie eine Zangengeburt,

jetzt aber liegt er,
vollkommener in meinem Gedenken,
bis hinab zum roten Horn
seiner Nägel,

auf die Waage gelegt
mit Schönheit und Wildheit:
mit dem Sterbenden Gallier,
allzu streng gefaßt

auf seinem Schild,
mit dem wirklichen Gewicht
jedes verhüllten, aufgeschlitzten
und weggeworfenen Opfers.

PUNISHMENT

I can feel the tug
of the halter at the nape
of her neck, the wind
on her naked front.

It blows her nipples
to amber beads,
it shakes the frail rigging
of her ribs.

I can see her drowned
body in the bog,
the weighing stone,
the floating rods and boughs.

Under which at first
she was a barked sapling
that is dug up
oak-bone, brain-firkin:

her shaved head
like a stubble of black corn,
her blindfold a soiled bandage,
her noose a ring

to store
the memories of love.
Little adulteress,
before they punished you

you were flaxen-haired,
undernourished, and your
tar-black face was beautiful.
My poor scapegoat,

BESTRAFUNG

Ich kann den Ruck
des Strickes fühlen
an ihrem Genick, den Wind
auf ihrer nackten Stirn.

Er bläst ihre Brustwarzen
zu Bernsteinperlen,
er erschüttert das zarte Takelwerk
ihrer Rippen.

Ich kann den versenkten
Körper im Moor sehen,
den beschwerenden Stein,
die treibenden Zweige und Äste.

Worunter sie anfangs
ein entrindetes Bäumchen war
das ausgegraben wird,
Eichenknochen, ein Schädelfäßlein:

ihr rasierter Kopf
wie ein Stoppelfeld von schwarzem Korn,
ihre Augenbinde ein schmutziger Verband,
ihre Schlinge ein Ring

um das Gedenken der Liebe
zu bewahren.
Kleine Ehebrecherin,
bevor sie dich straften

warst du flachshaarig,
unterernährt, und dein
teerschwarzes Gesicht war schön.
Mein armer Sündenbock,

I almost love you
but would have cast, I know,
the stones of silence.
I am the artful voyeur

of your brain's exposed
and darkened combs,
your muscles' webbing
and all your numbered bones:

I who have stood dumb
when your betraying sisters,
cauled in tar,
wept by the railings,

who would connive
in civilized outrage
yet understand the exact
and tribal, intimate revenge.

ich liebe dich fast
und hätte doch, ich weiß es,
die Steine des Schweigens geworfen.
Ich bin der kunstreiche Voyeur

der ausgestellten und gedunkelten
Kämme deines Schädels,
der Bänder deiner Muskeln
und all der numerierten Knochen:

Ich, der ich stumm dastand
wenn deine ungetreuen Schwestern,
eingesponnen in Teer,
am Geländer weinten,

der ich stillschweigend einstimmen kann
in kultivierte Empörung
und doch die genaue
und private Stammesrache verstehe.

STRANGE FRUIT

Here is the girl's head like an exhumed gourd.
Oval-faced, prune-skinned, prune-stones for teeth.
They unswaddled the wet fern of her hair
And made an exhibition of its coil,
Let the air at her leathery beauty.
Pash of tallow, perishable treasure:
Her broken nose is dark as a turf clod,
Her eyeholes blank as pools in the old workings.
Diodorus Siculus confessed
His gradual ease among the likes of this:
Murdered, forgotten, nameless, terrible
Beheaded girl, outstaring axe
And beatification, outstaring
What had begun to feel like reverence.

SELTSAME FRUCHT

Dieser Kopf eines Mädchens gleicht einem exhumierten Kürbis.
Ovales Gesicht, Backpflaumenhaut, Pflaumenkerne als Zähne.
Sie haben die Binden vom feuchten Farn ihres Haares genommen
Und seine Korkenzieher ausgestellt,
Die Luft an ihre lederne Schönheit gelassen.
Antlitz von Talg, vergänglicher Schatz:
Die gebrochene Nase ist dunkel wie ein Klumpen Torf,
Die Augenhöhlen blinken wie Tümpel zwischen altem Abraum.
Diodorus Siculus bekannte
Zunehmendes Wohlbefinden zwischen ihresgleichen:
Gemordetes, vergessnes, namenloses, schrecklich
Enthauptetes Mädchen, der Axt trotzig entgegenblickend
Und der Seligpreisung, trotzig entgegenblickend
Dem, was fast schon Gefühl von Ehrerbietung war.

KINSHIP

I

Kinned by hieroglyphic
peat on a spreadfield
to the strangled victim,
the love-nest in the bracken,

I step through origins
like a dog turning
its memories of wilderness
on the kitchen mat:

the bog floor shakes,
water cheeps and lisps
as I walk down
rushes and heather.

I love this turf-face,
its black incisions,
the cooped secrets
of process and ritual;

I love the spring
off the ground,
each bank a gallows drop,
each open pool

the unstopped mouth
of an urn, a moon-drinker,
not to be sounded
by the naked eye.

VERWANDTSCHAFT

I

Durch die Hieroglyphen
verstreuten Torfs auf einem Feld
dem erwürgten Opfer verwandt,
dem Liebesnest im Farnkraut,

geh ich durch Ursprünge hindurch
wie ein Hund, der, die Wildnis
erinnernd, sich auf dem Küchenläufer
im Kreise dreht:

der Moorboden schwankt,
Wasser tschilpt und lispelt
während ich Binsen und
Heide niedertrete.

Ich liebe diese Torffläche,
ihre schwarzen Einschnitte,
die eingesperrten Geheimnisse
von Prozeß und Ritual;

ich liebe den Frühling
abseits vom Boden,
jedes Ufer ein wenig Fallbrett,
jeder offene Tümpel

der unverschlossene Mund
einer Urne, ein Mond-Trinker,
nicht auszuloten
mit bloßem Auge.

II

Quagmire, swampland, morass:
the slime kingdoms,
domains of the cold-blooded,
of mud pads and dirtied eggs.

But b o g
meaning soft,
the fall of windless rain,
pupil of amber.

Ruminant ground,
digestion of mollusc
and seed-pod,
deep pollen bin.

Earth-pantry, bone-vault,
sun-bank, enbalmer
of votive goods
and sabred fugitives.

Insatiable bride.
Sword-swallower,
casket, midden,
floe of history.

Ground that will strip
its dark side,
nesting ground,
outback of my mind.

II

Matsch, Sumpf, Morast:
die Königreiche des Schleims,
Herrschaftsbereich derer vom kalten Blut,
der schlammigen Pfade, der verschmutzten Eier.

Aber das Moor-Wort b o g
bedeutet s a n f t,
windlos fallender Regen,
Schüler des Bernsteins.

Wiederkäuender Boden,
Verdauung von Mollusken
und Samenschoten,
tiefer Pollen-Behälter.

Erdene Vorratskammer, Knochengewölbe,
Sonnenufer, Einbalsamierer
von Votivgaben
und niedergesäbelten Flüchtigen.

Unersättliche Braut.
Schwertschlucker,
Sarg, Dunghaufen,
Treibeis der Geschichte.

Boden der seine dunkle Seite
entblößen wird,
Nistboden,
Hinterland meines Gemüts.

III

I found a turf-spade
hidden under bracken,
laid flat, and overgrown
with a green fog.

As I raised it
the soft lips of the growth
muttered and split,
a tawny rut

opening at my feet
like a shed skin,
the shaft wettish
as I sank it upright

and beginning to
steam in the sun.
And now they have twinned
that obelisk:

among the stones,
under a bearded cairn
a love-nest is disturbed,
catkin and bog-cotton tremble

as they raise up
the cloven oak-limb.
I stand at the edge of centuries
facing a goddess.

III

Ich fand einen Torfspaten
unter Farnkraut verborgen,
er lag flach und war überwachsen
mit einem grünen Schleier.

Als ich ihn aufnahm
murrten und klafften
die sanften Lippen des Wachstums,
eine lohfarbne Rinne

öffnete sich mir zu Füßen
wie eine abgeworfene Haut,
der Schaft war feucht
als ich ihn aufrecht stellte

und fing an
in der Sonne zu dampfen.
Und jetzt haben sie jenen
Obelisken gepaart:

Zwischen den Steinen,
unter einem bärtigen Hügelgrab
wurde ein Liebesnest gestört,
Weidenkätzchen und Wollgras erzittern,

sich aufrichtend entlang am
gespaltenen Eichenglied.
Ich stehe an der Kehre von Jahrhunderten
einer Göttin gegenüber.

IV

This centre holds
and spreads,
sump and seedbed,
a bag of waters

and a melting grave.
The mothers of autumn
sour and sink,
ferments of husk and leaf

deepen their ochres.
Mosses come to a head,
heather unseeds,
brackens deposit

their bronze.
This is the vowel of earth
dreaming its root
in flowers and snow,

mutation of weathers
and seasons,
a windfall composing
the floor it rots into.

I grew out of all this
like a weeping willow
inclined to
the appetites of gravity.

IV

Diese Mitte bleibt
und streut sich aus.
Senkgrube und Saatbeet,
Euter von Wassern

und schmelzendes Grab.
Die herbstlichen Mütter
säuern und sinken,
Gärung von Schale und Blatt

vertieft ihr Ocker.
Moos kommt zur Reife,
Heide sät sich aus,
Farnkraut lagert

seine Bronze ab.
Dies ist der Vokal der Erde,
seine Wurzel träumend
in Blüten und Schnee,

Wandlung von Wettern
und Jahreszeiten,
Fallobst, das den Boden
bildet, in den es verrottet.

Aus alledem bin ich gewachsen
wie eine Trauerweide
geneigt
den Begierden der Schwerkraft.

V

The hand carved felloes
of the turf-cart wheels
buried in a litter
of turf mould,

the cupid's bow
of the tail-board,
the socketed lips
of the cribs:

I deified the man
who rode there,
god of the waggon,
the hearth-feeder.

I was his privileged
attendant, a bearer
of bread and drink,
the squire of his circuits.

When summer died
and wives forsook the fields
we were abroad,
saluted, given right-of-way.

Watch our progress
down the haw-lit hedges,
my manly pride
when he speaks to me.

V

Die handgeschnitzten Felgen
an den Rädern des Torfkarrens
in einer Spreu
von Torferde begraben,

der Amorbogen
der Ladeklappe,
die eingehülsten Lippen
der Krippe:

Ich vergötterte den Mann
der dort fuhr,
ein Gott des Wagens,
Nährer des Herdes.

Ich war sein bevorzugter
Diener, der Träger
von Brot und Trank,
der Schildknappe seiner Runden.

Wenn der Sommer starb
und die Frauen das Feld verließen,
waren wir auswärts,
man grüßte uns, gab uns Wegerecht.

Schaut, wir kommen voran
an den hagebutten-leuchtenden Hecken hinunter,
schaut meinen männlichen Stolz
wenn er mich anspricht.

VI

And you, Tacitus,
observe how I make my grove
on an old crannog
piled by the fearful dead:

a desolate peace.
Our mother ground
is sour with the blood
of her faithful,

they lie gargling
in her sacred heart
as the legions stare
from the ramparts.

Come back to this
»island of the ocean«
where nothing will suffice.
Read the inhumed faces

of casualty and victim;
report us fairly,
how we slaughter
for the common good

and shave the heads
of the notorious,
how the goddess swallows
our love and terror.

VI

Und du, Tacitus,
beobachte, wie ich meinen Hain pflanze
auf einer alten Pfahlbauteninsel,
von den furchtsamen Toten errichtet:

ein trostloser Frieden.
Unsere Mutter Erde
ist bitter vom Blut
ihrer Gläubigen,

sie liegen gurgelnd
in ihrem heiligen Herzen,
während die Legionen
von den Wällen starren.

Komm zurück zu dieser
»Insel des Ozeans«,
wo nichts ausreichen wird.
Lies die bestatteten Gesichter

von Gefallenen und Opfern;
berichte uns ehrlich
wie wir schlachten
für das Gemeinwohl

und den Unverbesserlichen
die Köpfe scheren,
wie die Göttin verschlingt
unsre Liebe und unseren Schrecken.

ACT OF UNION

I

To-night, a first movement, a pulse,
As if the rain in bogland gathered head
To slip and flood: a bog-burst,
A gash breaking open the ferny bed.
Your back is a firm line of eastern coast
And arms and legs are thrown
Beyond your gradual hills. I caress
The heaving province where our past has grown.
I am the tall kingdom over your shoulder
That you would neither cajole nor ignore.
Conquest is a lie. I grow older
Conceding your half-independent shore
Within whose borders now my legacy
Culminates inexorably.

II

And I am still imperially
Male, leaving you with the pain,
The rending process in the colony,
The battering ram, the boom burst from within.
The act sprouted an obstinate fifth column
Whose stance is growing unilateral.
His heart beneath your heart is a wardrum
Mustering force. His parasitical
And ignorant little fists already
Beat at your borders and I know they're cocked
At me across the water. No treaty
I foresee will salve completely your tracked
And stretchmarked body, the big pain
That leaves you raw, like opened ground, again.

AKT DER VEREINIGUNG

I

Heute abend erste Bewegung, ein Puls,
Als ob der Regen im Moorland sich kräftigt,
Zu gleiten und zu fluten, ein Moor-Bruch,
Eine Wunde, die im farnigen Bett aufbricht.
Dein Rücken ist die feste Linie östlicher Küste,
Arme und Beine liegen in der Abgelegenheit
Jenseits deiner sanft gestuften Hügel. Ich liebkose
Die anschwellende Provinz, den Garten unsrer Vergangenheit.
Ich bin das große Königreich hinter deiner Schulter
Das du weder umschmeicheln würdest noch verkennen.
Eroberung ist eine Lüge. Ich werde älter,
Dein halb unabhängiges Ufer anerkennend
In dessen Grenzen jetzt mein Vermächtnis
Gipfelt, unzugänglich.

II

Und ich bin immer noch in herrscherlicher Stellung
Männlich, dich dem Schmerz überlassend,
Dem kolonialen Prozeß der Zerstückelung,
Dem schmetternden Rammbock von innen und seinem Krachen.
Der Akt pflanzte sie, die hartnäckige fünfte Kolonne.
Deren Stützpunkt allmählich einseitig wird.
Sein Herz unter deinem Herzen ist eine Kriegstrommel
Und sammelt Truppen. Der kleine Parasit –
Seine unwissenden Fäuste schlagen
Bereits an deine Grenzen, und ich weiß, sie sind geballt
Gegen mich, über das Wasser hinweg. Keine Verträge
Werden, ich weiß es schon, deinen Leib aufsparen, gebrandmarkt
Und mit den Spuren der Dehnung, den großen Schmerz
Der dich zurückläßt, roh wieder, wie offene Erde.

HERCULES AND ANTAEUS

Sky-born and royal,
snake-choker, dung-heaver,
his mind big with golden apples,
his future hung with trophies,

Hercules has the measure
of resistance and black powers
feeding off the territory.
Antaeus, the mould-hugger,

is weaned at last:
a fall was a renewal
but now he is raised up –
the challenger's intelligence

is a spur of light,
a blue prong graiping him
out of his element
into a dream of loss

and origins – the cradling dark,
the river-veins, the secret gullies
of his strength,
the hatching grounds

of cave and souterrain,
he has bequeathed it all
to elegists. Balor will die
and Byrthnoth and Sitting Bull.

Hercules lifts his arms
in a remorseless V,
his triumph unassailed
by the powers he has shaken

HERAKLES UND ANTAIOS

Himmelgeboren und königlich,
Schlangenwürger, Dungschaufler,
das Gemüt voll goldener Äpfel,
die Zukunft mit Trophäen behangen,

Herakles weiß sich zu messen
an Widerstand und schwarzen Mächten
abweidend das Territorium.
Antaios, der Erdumarmer

wird schließlich entwöhnt;
Fallend erfrischte er sich,
jetzt aber wird er emporgehoben –
des Herausforderers Klugheit

ist ein Dorn von Licht,
eine blaue Forke, die ihn
aus seinem Element spießt
in einen Traum von Verlust

und Ursprung – wiegendes Dunkel,
Flußadern, geheime Kanäle
seiner Stärke,
Brutboden

in Höhlen und unterirdisch,
das alles ist sein Vermächtnis
an elegische Dichter. Balor wird sterben
und Byrthnoth und Sitting Bull.

Herakles reckt seine Arme
zum erbarmungslosen V,
sein Triumph unangreifbar
den Mächten die er erschüttert hat,

and lifts and banks Antaeus
high as a profiled ridge,
a sleeping giant,
pap for the dispossessed.

er bezwingt und stemmt den Antaios
hoch wie einen gezeichneten Grat,
einen schlafenden Riesen,
Brei für die Enteigneten.

from: SINGING SCHOOL

1. THE MINISTRY OF FEAR

For Seamus Deane

Well, as Kavanagh said, we have lived
In important places. The lonely scarp
Of St Columb's College, where I billeted
For six years, overlooked your Bogside.
I gazed into new worlds: the inflamed throat
Of Brandywell, its floodlit dogtrack,
The throttle of the hare. In the first week
I was so homesick I couldn't even eat
The biscuits left to sweeten my exile.
I threw them over the fence one night
In September 1951
When the lights of houses in the Lecky Road
Were amber in the fog. It was an act
Of stealth.
Then Belfast, and then Berkeley.
Here's two on's are sophisticated,
Dabbling in verses till they have become
A life: from bulky envelopes arriving
In vacation time to slim volumes
Despatched »with the author's compliments«.
Those poems in longhand, ripped from the wire spine
Of your exercise book, bewildered me –
Vowels and ideas bandied free
As the seed-pods blowing off our sycamores.
I tried to write about the sycamores
And innovated a South Derry rhyme
With h u s h e d and l u l l e d full chimes for p u s h e d
and p u l l e d.

aus: SCHULE DES GESANGS

1. DAS MINISTERIUM FÜR ANGST

für Seamus Deane

Nun ja, wir haben, wie Kavanagh sagte, an bedeutenden
Orten gelebt. Der einsame Steilhang
Des St.-Columb-College, wo ich sechs Jahre
Quartier nahm, sah über euer Moorland hinweg.
Ich starrte in neue Welten: die entzündete Kehle
Von Brandywell, die angestrahlte Hunderennbahn,
Das Ersticken der Hasen. In der ersten Woche
War mein Heimweh so schlimm, daß ich nicht einmal
Die Kekse aß, die mein Exil versüßen sollten.
Ich warf sie über den Zaun, eines Abends
Im September 1951
Als die Lichter der Häuser in der Lecky Road
Bernstein im Nebel waren. Es war ein Akt
Der Verheimlichung.
Dann Belfast, dann Berkeley.
Hier sind aber zwei ganz besonders Blasierte,
Sie plätschern in Versen herum, bis diese
Ein Leben werden: von dicken Briefumschlägen
In den großen Ferien bis zu dünnen Broschüren,
Abgesandt »mit den besten Grüßen des Autors«.
Jene Gedichte in Schreibschrift, aus deinem Spiralheft
Herausgerissen, sie verstörten mich –
Frei umtanzten Vokale und Gedanken einander
Wie die Samenstände, weggeweht von unserm Ahorn.
Ich versuchte darüber zu schreiben, über den Ahorn,
Und erfand einen South-Derry-Gleichklang,
Wie n e i g e n und z e u g e n als voller Reim zu r e i c h e n
und l e u c h t e n.

Those hobnailed boots from beyond the mountain
Were walking, by God, all over the fine
Lawns of elocution.
                    Have our accents
Changed? »Catholics, in general, don't speak
As well as students from the Protestant schools.«
Remember that stuff? Inferiority
Complexes, stuff that dreams were made on.
»What's your name, Heaney?«
                              »Heaney, Father.«
                                              »Fair
Enough.«
        On my first day, the leather strap
Went epileptic in the Big Study,
Its echoes plashing over our bowed heads,
But I still wrote home that a boarder's life
Was not so bad, shying as usual.

On long vacations, then, I came to life
In the kissing seat of an Austin Sixteen
Parked at a gable, the engine running,
My fingers tight as ivy on her shoulders,
A light left burning for her in the kitchen.
And heading back for home, the summer's
Freedom dwindling night by night, the air
All moonlight and a scent of hay, policemen
Swung their crimson flashlamps, crowding round
The car like black cattle, snuffing and pointing
The muzzle of a sten-gun in my eye:
»What's your name, driver?«
                              »Seamus...«
                                          Seamus?

Diese Nagelstiefel von jenseits der Berge,
Sie wanderten, Gott behüte, auf dem gepflegten
Rasen der Beredsamkeit umher.
Änderte sich
Unser Akzent? »Katholiken sprechen gemeinhin
Nicht so gut wie protestantische Schüler.«
Denkst du noch an solches Zeug? Minderwertigkeits-
Komplexe, Zeug, aus dem Träume entstanden.
»Wie heißest du, Heaney?«
»Heaney, Hochwürden.«
»Ganz
Leidlich.«
An meinem ersten Tag hatte der Lederriemen
Im großen Studierraum einen Anfall von Tobsucht,
Sein Echo klatschte über unsre gebeugten Köpfe,
Ich aber schrieb weiter nach Hause, das Leben
Im Internat sei gar nicht so übel, verschüchtert wie immer.

In den großen Ferien erwachte ich zum Leben
Auf dem Sitz für Zärtlichkeiten in einem Austin Sixteen,
An einer Giebelwand geparkt, mit laufendem Motor,
Meine Finger fest wie Efeu an ihren Schultern,
Ein letztes Licht, das in der Küche für sie brannte.
Und wenn ich nach Hause fuhr, während die Freiheit
Des Sommers Abend für Abend schrumpfte, die Luft
Ganz Mondschein und Geruch nach Heu, schwangen Polizisten
Blutrote Scheinwerfer, umstanden das Auto
Wie schwarze Rinder, schnüffelten und hielten
Mir die Schnauze eines Revolvers vors Auge:
»Wie heißen Sie, Fahrer?«
»Seamus ...«
S e a m u s?

They once read my letters at a roadblock
And shone their torches on your hieroglyphics,
»Svelte dictions« in a very florid hand.

Ulster was British, but with no rights on
The English lyric: all around us, though
We hadn't named it, the ministry of fear.

Einmal lasen sie bei einer Straßensperre meine Briefe
Und beleuchteten mit ihren Lampen deine Hieroglyphen,
Die »gewandten Formulierungen« in verschnörkelter Schrift.

Ulster war britisch, hatte aber keine Rechte
Auf englische Lyrik: überall um uns her, obwohl
Wir es nicht benannten, das Ministerium für Angst.

2. A CONSTABLE CALLS

His bicycle stood at the window-sill,
The rubber cowl of a mud-splasher
Skirting the front mudguard,
Its fat black handlegrips

Heating in sunlight, the »spud«
Of the dynamo gleaming and cocked back,
The pedal treads hanging relieved
Of the boot of the law.

His cap was upside down
On the floor, next his chair.
The line of its pressure ran like a bevel
In his slightly sweating hair.

He had unstrapped
The heavy ledger, and my father
Was making tillage returns
In acres, roods, and perches.

Arithmetic and fear.
I sat staring at the polished holster
With its buttoned flap, the braid cord
Looped into the revolver butt.

»Any other root crops?
Mangolds? Marrowstems? Anything like that?«
»No.« But was there not a line
Of turnips where the seed ran out

2. EIN GENDARM KOMMT ZU BESUCH

Sein Fahrrad stand ans Fensterbrett gelehnt,
Die Gummihaube des Schmutzfangs
Der das vordere Schutzblech säumte
Und die fetten schwarzen Handgriffe

Schmorten in der Sonne, die »Knolle«
Des Dynamos, abgeklappt, glitzerte
Und die Pedale hingen, entlastet
Vom Stiefel des Gesetzes.

Seine Mütze lag verkehrt herum
Auf dem Boden, neben seinem Stuhl.
Ihre Druckspur lief wie eine Kehlung
Um sein gelinde schwitzendes Haar.

Er hatte das schwere Hauptbuch
Aufgebunden und mein Vater
Gab Ernteerträge an,
In Morgen, Viertelmorgen und Ruten.

Arithmetik und Angst.
Ich saß und starrte auf das glänzende Halfter
Mit der zugeknöpften Lasche, mit der Kordel
Um den Kolben des Revolvers geschlungen.

»Noch andere Feldfrüchte?
Mangold? Kürbisse? Oder dergleichen?«
»Nein.« Aber es gab doch eine Reihe
Steckrüben, wo die Saatkartoffeln

In the potato field? I assumed
Small guilts and sat
Imagining the black hole in the barracks.
He stood up, shifted the baton-case

Further round on his belt,
Closed the domesday book,
Fitted his cap back with two hands,
And looked at me as he said goodbye.

A shadow bobbed in the window.
He was snapping the carrier spring
Over the ledger. His boot pushed off
And the bicycle ticked, ticked, ticked.

Ausgegangen waren? Ich vermutete
Kleine Vergehen, ich saß da
Und stellte mir das dunkle Loch in der Baracke vor.
Er stand auf, schob den Knüppel

An seinem Gürtel zurecht,
Schloß das Buch des Jüngsten Gerichts,
Richtete sich mit beiden Händen die Mütze
Und sah mich an, als er Auf Wiedersehen sagte.

Ein Schatten tanzte ungeschickt am Fenster.
Er klemmte das Hauptbuch auf den
Gepäckträger. Sein Stiefel stieß sich ab
Und das Fahrrad tickte, tickte, tickte.

5. FOSTERAGE

For Michael McLaverty

»Description is revelation!« Royal
Avenue, Belfast, 1962,
A Saturday afternoon, glad to meet
Me, newly cubbed in language, he gripped
My elbow. »Listen. Go your own way.
Do your own work. Remember
Katherine Mansfield – I will tell
How the laundry basket squeaked...
that note of exile.«
But to hell with overstating it:
»Don't have the veins bulging in your biro.«
And then, »Poor Hopkins!« I have the Journals
He gave me, underlined, his buckled self
Obeisant to their pain. He discerned
The lineaments of patience everywhere
And fostered me and sent me out, with words
Imposing on my tongue like obols.

5. FÖRDERUNG

für Michael McLaverty

»Beschreibung ist Offenbarung!« Royal
Avenue, Belfast, 1962,
Ein Samstagnachmittag, erfreut mich
Zu sehen, den Frischling der Sprache, ergriff er
Meinen Ellbogen. »Hörn Sie, gehn Sie den eigenen Weg.
Leisten Sie Ihre eigene Arbeit. Denken Sie
An Katherine Mansfield – ich werde erzählen
Wie der Wäschekorb knarrte...
   der Ton von Exil.«
Aber zum Teufel mit Übertreibungen:
»Lassen Sie Ihrem Kugelschreiber nicht die Adern schwellen.«
Und dann »Der arme Hopkins!« Ich habe noch die Journals
Die er mir gab, mit Unterstreichungen, sein geknicktes Selbst
Gehorchte ihrem Schmerz. Er entdeckte
Überall die Figuration der Geduld
Und förderte mich und schickte mich aus, mit Worten
Die einen Eindruck auf der Zunge hinterließen, wie Oboli.

6. EXPOSURE

It is December in Wicklow:
Alders dripping, birches
Inheriting the last light,
The ash tree cold to look at.

A comet that was lost
Should be visible at sunset,
Those million tons of light
Like a glimmer of haws and rose-hips,

And I sometimes see a falling star.
If I could come on meteorite!
Instead I walk through damp leaves,
Husks, the spent flukes of autumn,

Imagining a hero
On some muddy compound,
His gift like a slingstone
Whirled for the desperate.

How did I end up like this?
I often think of my friends'
Beautiful prismatic counselling
And the anvil brains of some who hate me

As I sit weighing and weighing
My responsible *tristia*.
For what? For the ear? For the people?
For what is said behind-backs?

6. AUSGESETZT

Es ist Dezember in Wicklow:
Erlen tropfen, Birken
Erben das letzte Licht,
Kalt ist die Esche anzuschaun.

Ein verlorengegangner Komet
Sollte bei Sonnenuntergang sichtbar sein,
Jene Millionen Tonnen von Licht
Wie ein Schimmer von gelben und roten Hagebutten,

Und ich seh manchmal eine Sternschnuppe.
Wenn ich auf einem Meteoriten kommen könnte!
Stattdessen wandre ich durch feuchtes Laub,
Samenhülsen, das aufgebrauchte Gefieder des Herbstes,

Und stell mir einen Helden vor
Auf einem schlammigen Lagerplatz,
Der seine Gabe wie einen Stein aus der Schleuder
Für die Verzweifelten wirft.

Wie bin ich dahin gekommen?
Oft denke ich an die schönen
Geschliffnen Ratschläge von Freunden
Und die Amboß-Hirne einiger die mich hassen,

Während ich sitze und immer wieder
Meine haftbaren T r i s t i a wäge.
Wofür? Für das Ohr? Für das Volk?
Für das, was hinter dem Rücken gesagt wird?

Rain comes down through the alders,
Its low conducive voices
Mutter about let-downs and erosions
And yet each drop recalls

The diamond absolutes.
I am neither internee nor informer;
An inner émigré, grown long-haired
And thoughtful; a wood-kerne

Escaped from the massacre,
Taking protective colouring
From bole and bark, feeling
Every wind that blows;

Who, blowing up these sparks
For their meagre heat, have missed
The once-in-a-lifetime portent,
The comet's pulsing rose.

Regen dringt herab durch die Erlen,
Seine leisen hilfreichen Stimmen
Murmeln Demütigung, Erosion,
Und doch erinnert jeder Tropfen

Ans diamanten Absolute.
Ich bin weder Informant noch interniert,
Ein innerer Emigrant, langhaarig
Inzwischen und nachdenklich; ein Lümmel aus irischem Holz,

Dem Massaker entflohen,
Tarnfarbe annehmend
Von Baumstamm und Borke, einen jeden
Wind spürend, der bläst;

Der ich, in diese Funken blasend,
Magere Hitze erzeugend, das Wunder versäumte,
Das einmalige einer Lebenszeit,
Die pulsierende Rose des Kometen.

NACHWORT

»A n a h o r i s h, sanfter Hang
der Konsonanten, Vokalwiese«

Wer übersetzt, ist veranlaßt, anders zu lesen als beim genußvollen oder philologischen Lesen. Man schielt von vornherein auf die Frage: Wie soll oder kann ich dies oder jenes Charakteristikum nachmachen. Bei Seamus Heaney bemerkte ich anfangs fast nur beiläufig, daß dies extrem schöne Gedichte sind, stöhnte gelinde über zwei übliche Probleme – nämlich, daß, was im Englischen so wunderbar kurz ist, auf Deutsch zwangsläufig viel länger wird, sowie daß, wenn jemand in der zweiten Hälfte des 20. Jahrhunderts gelegentlich Reime gebraucht, diese übertragen werden sollten, jedoch übertragene Reime eine fatale Neigung haben, krampfig oder komisch zu wirken – und starrte alsbald auf ein sehr spezielles Problem: ich würde es das der »irischen Reime« nennen. Heaney hat außer reinen Reimen Versenden, die im Englisch des BBC keineswegs Reime ergeben, wohl aber, wenn die Vokale in seinem nordirischen Dialekt ausgesprochen werden. Die Vorstellung, dergleichen mittels der Implikation eines deutschen Dialekts zu imitieren, erschien mir kunstgewerblich, so nahm ich schließlich zu Assonanzen Zuflucht. Nur einmal, an einer Stelle, wo Heaney in einem gleichsam autobiographischen Gedicht von den »falschen« irischen Reimen spricht, habe ich mir den Spaß erlaubt, als Beispielwörter die hochdeutsch unreinen Reime unseres Frankfurter Klassikers einzusetzen:

»Ich versuchte darüber zu schreiben, über den Ahorn,
Und erfand einen South-Derry-Gleichklang,
Wie n e i g e n und z e u g e n als voller Reim zu r e i c h e n
und l e u c h t e n.«

verdankt sich als Übersetzung den Assoziationen:

»Ach neige,
Du schmerzensreiche«
(Faust I)

und:

»In der Liebesnächte Kühlung
Die dich zeugte, wo du zeugtest,

Überfällt dich fremde Fühlung
Wenn die stille Kerze leuchtet.«
(»Selige Sehnsucht« im West-östlichen Divan).

Abgesehen von diesem kleinen Scherz suchte ich mir die Assonanzen also ohne die Perspektive auf einen Dialekt.

Dies technische Detail verweist auf mehr als Übersetzungs-Schwierigkeiten, zunächst auf poetologische Charakteristika von Heaneys Lyrik: Themen von rieselndem und rauschendem Wasser, all die Bäche, Regen und die See, von Windmusik, die sich in Geigenklänge umsetzt, sowie vom Getön landwirtschaftlicher Arbeitsrhythmen, korrespondieren einer hochgradigen Musikalität – im melodischen, im lautwiederholenden und im rhythmischen Sinne – der Verse selbst. Sogar, wenn man sie sich in normalem Englisch gesprochen vorstellt, berauschender aber mit irischem Akzent.

Es ist, jedenfalls deutscherweise, üblich, zwischen musikalisch bestimmter, eher romantischer, und bildlich-anschaulicher, eher klassizistischer Dichtung zu unterscheiden: im »Cornet« schwelgte der junge Rilke in Lautwiederholungen, und in den »Dinggedichten« war er gereift; Goethe malte, und Kleist komponierte zumindest in der Phantasie. In einem selbst für britische Verhältnisse erstaunlichen Maße widerspricht Seamus Heaney einem solchen Klischee. So suggestiv die Verse fließen oder tanzen, sie handeln von extrem konkreten Gegenständen. Wiederum aus dem Blickwinkel der Übersetzerin exemplifizierend: ich mußte mich in einer Enzyklopädie aus dem 19. Jahrhundert über die einfachste Form der Herstellung von Sauerrahmbutter informieren (auf dem Bauernhof meiner eigenen Kindheit gab es bereits eine elektrische Zentrifuge) sowie vergessene Kenntnisse aus dem Biologieunterricht über die Wanderungen der Aale auffrischen (unter besonderer Berücksichtigung der weiblichen Aalin), um in den diesbezüglichen Gedichten abwägen zu können, was wörtlich und was metaphorisch ist, beziehungsweise die Metaphern zu verstehen (solche Probleme erwartet man eher in naturalistischen Romanen als in Gedichten).

Die Präzision des Konkreten machte nicht nur auf der Ebene der ländlichen Fakten Schwierigkeiten, sondern auch auf der lexikalischen: Hier laufen

die klanglich-atmosphärischen und die semantischen Schichten zusammen, wenn es sich etwa um Wörter handelt, die in normalem Englisch Archaismen sind, irisch aber gebräuchlich (und manchmal auch das nicht mehr, weil die Gegenstände aussterben). Fremde Vokabeln oder Nebenbedeutungen, die auch Freunde mit englischer Muttersprache nicht kannten, fand ich im Oxford English Dictionary als schottisch, nie als irisch verzeichnet. Trotz der allseits anerkannten Gewissenhaftigkeit dieses Wörterbuchs erfuhr ich unter »boortree« (in dem Gedicht »Broagh«) zwar, daß dies schottisch sei, und siehe bour-tree, dieses Stichwort aber gibt es nicht. Ein englisch-deutsches Wörterbuch vom Ende des 19. Jahrhunderts belehrte mich indessen, daß es sich um eine obsolete Bezeichnung des Holunders handelt.
Und wegen des Grimmschen Märchens »von de Machandelboom« und wegen der Gedichte von Celan über Mandelstamm:

»– was abriß, wächst wieder zusammen –«
(»Es ist alles anders«)

»Denn es blühte der Mandelbaum.
. . .
Und auch der Machandelbaum«
(»Eine Gauner- und Ganovenweise«)

– in Erinnerung an diese Beschwörungen der legendären Zauberkraft des Holunders also beschloß ich, der »boortree« solle auf deutsch »Machandelbaum« heißen (übrigens hat Heaney einen kurzen Essay über Mandelstamm geschrieben).
Leicht ließen sich an solche Beobachtungen beim Übersetzen nun weitere poetologische Schlußfolgerungen anschließen, Ausdeutungen des Komplexes von Musik, Bild und Reflexion im Gedicht oder von den Funktionen archaisierender, regional noch verständlicher Wörter in ihm. Aber: »es ist alles anders«.

»Werd ich mich verloren fühlen,
Unglücklich und daheim.«

Die »irischen Reime«, die schwer zu findenden Wörter könnten als technische Privatprobleme beim Übersetzen betrachtet werden. Sie könnten auch, mit berechtigtem Mißbehagen in Deutschland, schnell übergangen werden, zusammen mit den häufigen Themen von Erde und Ernte, Torfstechern und Wikingern. Gegenüber Archaismen und Regionalismen, gegenüber dörflichen und nationalen Themen regt sich bei uns leicht Abwehr, der Verdacht auf Blut und Boden. Dies beunruhigende Gefühl ließe sich wiederum rationalisierend leicht verleugnen, durch die schlichte Feststellung, daß Heaneys Gedichte einfach besser sind als unangenehm Völkisches oder Provinzielles, gilt er doch wesentlichen angelsächsischen Literaturkritikern als der bedeutendste irische, wenn nicht gar englischsprachige Lyriker seit Yeats und Eliot.
Nicht allein durch ihre vollendete Klanglichkeit und Bildlichkeit gehen diese Beschwörungen von Kindheitserinnerungen, Landschaft und Geschichte einer Heimat über fast alles hinaus, was sich als Heimatdichtung qualifizieren oder abqualifizieren läßt, sondern vor allem durch ihre Absage ans Nostalgisch-Idyllische. Die Kindheitsgedichte sind nicht traurig, weil die unschuldige Kindheit auf dem Lande verloren ist, sondern weil sie so schön gar nicht war, wie der sich erinnernde Erwachsene es sich wohl wünschen mag: trotz Kratzern an den Händen war es ein sinnlicher Genuß, Brombeeren zu pflücken, aber trübselige Enttäuschung war ihre alljährliche Neigung zum Verwesen; ein spannendes Beobachtungsfeld bot die Entwicklung des Froschlaichs, aber panisches Entsetzen erregte die Begattung der Frösche; Rhythmus und Ergebnis des Butterschlagens faszinierten als produktives Ritual, aber hinterher herrschte widerlicher Gestank im Haus. Die Beschreibung von Menschen, die präzise ihrem Metier nachgehen, bewundert deren Können, aber sie idealisiert nicht eine überschaubare Welt genügsamer Handwerker. Bei der Kartoffelernte wie beim Decken eines Strohdachs ist nicht bloß Kunstfertigkeit, Angemessenheit und Bewegung zu bestaunen, sondern zugleich die Mühsal. Und was die Vorbildhaftigkeit dieser Spezialisten für den Schreibenden betrifft,

der ihnen als Könner auf einem anderen Gebiet nacheifern möchte, so wird seine Freude oft durch den Gedanken an ihr Aussterben getrübt: an der Schmiede fahren Autos vorbei; an die Stelle gleichsam ritterlicher Angelmethoden treten, unfair gegen die Aale, einfachere und technifizierte Arten des Massenfangs; der Schemenläufer (dies ist übrigens ein Tiroler Wort für jemand, der Mummenschanz betreibt) ist ausdrücklich der letzte. Aber nicht durch nachträglich vergoldende Glorifizierung werden sie betrauert, sondern durch möglichst richtige Beschreibung ihres Tuns.

Eine relativ ungetrübte Heiterkeit entsteht nur, wo die Schilderung ländlichen Daseins erotisch sich färbt, wo etwa die Bäuerin ein Tischtuch am Feldrand ausbreitet, oder wo das in ein neues Bett gelenkte Bächlein sich zärtlich staunend als Undine erfährt. Aber das kommt selten vor; eine andere Seejungfrau empfindet das menschliche Familienleben als arge Belästigung; Menschenfrauen ertränken ihr Kind oder sperren es in den Hühnerstall; menschliche Kontakte werden, wiederholt, bei Gelegenheit eines Abschieds oder eines Begräbnisses geschildert.

Gebrochen erscheint auch die ins Mythische zurückreichende Geschichte der Heimat in dieser Poesie. Die Riten von Opfer und Bestrafung, an welche die Moorleichen gemahnen, rufen bei Heaney weder stolzen Abscheu aus der Sicht fortgeschrittener Zivilisation hervor noch zivilisationsfeindliche, zu den Ursprüngen zurück wollende Begeisterung. Sie werden, nicht ohne Einfühlung, geschildert, in einer Haltung, wie sie in Hans Henny Jahnns Leitmotiv (im »Fluß ohne Ufer«) sich ausdrückt: »Es ist wie es ist. Und es ist fürchterlich.« Das Mitleiden mit den Unterlegenen der Geschichte wird nicht in rhetorischem Pathos laut, sondern in der genauen Beschreibung der einzelnen Moorleichen, die ihnen das Recht gibt, noch nach Jahrhunderten als gestorbene, aber individuelle Geschöpfe betrachtet zu werden, nicht als archäologische Objekte.

Verklärend wirkt vielleicht manchmal das Verhältnis zur eigenen Sprache: ein Mädchen bezaubert wegen des Namens ihres Heimatortes; ebenso liebevoll sucht und findet der Dichter synästhetische Metaphern für die Laute von Wörtern wie »Anahorish«, »Broagh«, »Bog«, »Moyola«. Der Kommentar, daß diese Wörter eben wirklich schön klingen, mag subjektiv sein. Indessen steht die Zärtlichkeit für die muttersprachlichen Laute nicht

nur in einem ästhetischen, sondern vehement in einem gesellschaftlichen Zusammenhang. Der englische Sprach-Imperialismus drückt sich aus, wenn ich im Oxford English Dictionary Irisches als Schottisches oder überhaupt nicht finde. Er wird in den Gedichten benannt, in der verhalten wütenden Erinnerung an die Gymnasialzeit etwa: an die demütigende Sprachdressur der katholischen Schüler, die dennoch den – nicht nur sprachlich – privilegierten Protestanten unterlegen bleiben, an den etwas mühevoll trotzigen Stolz auf die Erfindung des »South-Derry-Gleichklangs«, will sagen auf seine Verwendung entgegen den englischen Reimgesetzen. Oder in der bitteren Reflexion auf den archaischen Charakter des irischen Sprachgebrauchs, von der englischen Norm her gesehen, schillernd zwischen Resignation, Hochmut und Selbstironie bei der Feststellung, zu Shakespeares Zeiten sei, was heute provinziell und obsolet erscheint, korrekte Literatursprache gewesen.
Bedeutende englische Dichter, die aus Irland stammten, gab es in der Literaturgeschichte in überproportionaler Anzahl, verglichen mit den Bevölkerungszahlen. Überwiegend aber legten sie ihre regionale sprachliche Herkunft ab, um bedeutend zu werden. Derart irisch wie Heaney schrieb auch Yeats nicht. Und dies Beharren auf den Dialektgewohnheiten ist, wie schon die eben erwähnten Gedichte der sprachlichen und kulturellen Reflexion zeigen, nicht nur vom ästhetischen Vergnügen an den musikalischen und den die Anschauung präzisierenden Möglichkeiten bestimmt, und schon gar nicht von muffiger Anhänglichkeit ans Trauliche der Mundart, sondern vom differenzierten, aber unerschütterlichen Widerstand gegen die sprachlich-literarische Kolonialisierung als Gestalt und Symbol der politisch-gesellschaftlichen.
Eine solche Form des poetischen Protestes gegen Imperialismus oder Zentralismus ist heute in deutschsprachigen Ländern schwer verständlich. Die Schweiz muß sich vor lauter Demokratie richtiggehend bemühen, damit Rätoromanisch nicht ausstirbt; und Österreich, die Bundesrepublik und die DDR sind zu ihrem Glück in derart reduzierte Grenzen verwiesen, daß sie keine (oder nur ganz minimale) Probleme mehr mit Minderheiten haben, welchen eigene sprachliche und kulturelle Traditionen zur Verfügung stünden, um ihre Unterdrückung, den Unterdrückenden verständ-

lich, zu beklagen oder zu bekämpfen. In mancher Hinsicht mit Heaneys Lyrik vergleichbar ist vielleicht die von Bobrowski – aber seine Verschränkung von sarmatischer Landschaft und Zeit konnte nur noch die Intention haben, endgültig Zerstörtes, Verlorenes vor dem Vergessen zu bewahren.

Die – nicht nur sprachlich – subversive Tendenz der Gedichte von Seamus Heaney indessen richtet sich gegen durchaus gegenwärtige Verhältnisse. Anders als »politische« deutsche Dichter, die ihr bürgerliches schlechtes Gewissen mit propagandistischer Klarheit in ihren Texten bekämpfen, kann er, von frühen Erfahrungen her arm und katholisch, Mühsal und Beladenheit nicht imaginierend oder verdrängend, sondern kennend und erinnernd, auch jene älteren wie zeitgenössischen Aspekte irischer Geschichte gestalten, die nicht in das Dunkel von Moorgottheiten zurückreichen, sondern konkrete Folge der englischen Kolonialisierung sind, mit der Gelassenheit des »Es ist wie es ist. Und es ist fürchterlich.« Die gegenwärtigen Heckenschützen und die Revolutionäre früherer Bürgerkriege, die Angst vor dem bäuerliche Steuererklärungen überprüfenden Polizisten der Kindheit und den Straßensperren der Studentenzeit, die Melancholie der verwüsteten Höfe und die Sehnsucht nach würdigen Begräbnisriten für gefallene Rebellen – das alles spricht, konstatierende Sachlichkeit mit latenter, weil selbstverständlicher Identifikation verknüpfend, weitaus anrührender, als explizites Pathos es tun könnte.

Und die Haltung mitfühlender Beobachtung ermöglicht es auch, daß die skeptische Differenzierung, welche unrealistische Parteilichkeit so gern verdrängt, sich artikulieren kann: Der reiche, protestantische, bösartig selbstzufriedene Nachbar bleibt ein Mensch mit erkennbaren menschlichen Gesten der Kontaktsuche, ohne daß deswegen gleich die Illusion von Versöhnung sich einstellen würde.

In einem der Essays über seine eigene Produktion hat Heaney zwei Verse aus dem Sonett 65 von Shakespeare zitiert, deren Kontext von der barokken Tödlichkeit der Zeit überhaupt auf die konkrete Tödlichkeit des Bürgerkriegs verschiebend, aber mit Shakespeare die zweifelnde Hoffnung ins Gedicht dagegensetzend:

»How with this rage shall beauty hold a plea
Whose action is no stronger as a flower?«

»Und sie, die Schönheit, soll dagegenstehn?
Sie, eine Blume, soll hier Kraft entfalten?«
(deutsch von Paul Celan)

Wenn scheinbar artistisch lautmalend das Wasser des Moyola in der Lyrik von Seamus Heaney verrauscht, oder wenn die Metapher von der Schreibfeder als Gewehr durch die der Schreibfeder als Spaten ersetzt wird (Heimat, produktive Genauigkeit, Biographie, Geschichte), ließe sich das übersetzen als: die Blume Schönheit (diesesfalls sprachliche Schönheit) gibt die mit Skepsis untermischte Hoffnung nicht auf, mit ihren eigenen Mitteln gegen die erstickenden Gewalten der Tödlichkeit zu kämpfen. Die Blume Schönheit verfügt über die Geduld von Pflanzen und von bäuerlichen Dialekten.

»Ich glaube, das weibliche Element hat für mich mit der Materie Irlands zu tun, und die männliche Tendenz stammt aus der Beschäftigung mit englischer Literatur.«

Natürlich ist die Lyrik von Seamus Heaney nicht auf den Eigensinn, irisch zu sein, reduzierbar. Was, neben der weichen Rebellion, ihren hohen Rang ausmacht, habe ich schon anzudeuten versucht: die souverän, ohne Eitelkeit geschehende Klangschönheit; die nicht unterkühlte, sondern leise affektiv getönte Sachlichkeit und Präzision im Anschaulichen; die Vermeidung von Sentimentalität bei Themen, die um so herzzerreißender aufscheinen; die Skepsis, die Bedachtheit und Differenziertheit der Reflexion, die nicht Feigheit des bloß Denkenden, sondern Geduld des Grabenden ausdrückt.
Von solchen Stichwörtern her ließe sich vieles explizieren. In der Richtung

auf Motive hin zum Beispiel, auf Themen, die seit langem in großer Lyrik haften: Erinnerung und Tod, Geschichte und Natur, Liebe und Angst, Sprachreflexion und Selbstreflexion. Dies alles aber, konkretisiert im toten kleinen Bruder und in archäologischen Scherben, in sterbenden Tieren und Menschen, in beseligender und ängstigender Landschaft, in zärtlichen und in realistisch durchhaltenden Liebesgedichten, in europäischen, nationalen und privaten Mythen, in etymologischen und magischen Spekulationen – dies alles dürfte der geneigte Lyrikleser wohl selbst bemerken, auch ohne Nachwort.

Ich möchte, abschließend, auf einen Aspekt aufmerksam machen, der sowohl klanglicher wie rhetorischer wie inhaltlicher Art ist – seine Wahrnehmung verdankt sich nicht dem klassizistischen Bedürfnis nach Übereinstimmung von Inhalt und Form, sondern der Anregung von Gaston Bachelard (in »L'eau et les rêves«), für eine »materiale Imagination« sich zu sensibilisieren: Es gibt in der Poesie von Seamus Heaney eine allseitige Sinnlichkeit. Lautmalende Passagen und nahezu umgangssprachliche sind gleichermaßen plastisch artikuliert. Zwischen diesem Charakteristikum und dem der visuell genauen Beschreibung herrscht nicht etwa Widerspruch, sondern in solchem Zwischenraum liegt ein riesiger Bereich von Metaphorik und von Vorstellungsinhalten, der es nicht allein mit Tönendem und Bildlichem zu tun hat, sondern auch mit allem, was man riechen und schmekken, was man mit Händen oder mit nackten Füßen spüren kann.

Dies ist äußerst selten in Lyrik: daß Synästhesie weder figurativ konstruktive Verschiebung von abgesonderten Sinneswahrnehmungen noch um der romantischen Vernebelung willen abstrahierendes Geraun ist, sondern daß in der Erinnerung an die Lektüre, in den Assoziationen zu ihr bleibt: das Gefühl von federndem Hochmoor unter den Füßen, das eigentlich ein Geschmack ist; der Schlick, der zwischen den Zehen hochquillt, und den eigentlich nur die Aale verstehen; die Laute von Wörtern, die sich auflösen in muttersprachliche Reime, Nachahmung von Wassergeglucks und magische Sprachbetrachtung.

Mag sein, es ist kein privater Zufall, daß visuell, akustisch und taktil mir als Beispiele für die sinnliche Materialität von Heaneys poetischer Sprache jene Bereiche einfallen, die abendländisch normativ tabuisiert sind: was

sich vermischt und zersetzt, Schlamm, Torf, »Bogland«. In vielen »Männerphantasien« (Klaus Theweleit hat uns dafür scharfsichtig gemacht) bedürfen die Sümpfe der Austrocknung, die Ströme der Eindämmung. Gelinde anarchisch widerspricht Heaneys Poesie solcher Männerrolle – in der Tradition einiger europäischer Lyriker, die mit Klangrausch, vieldeutiger Syntax oder alogischer Assoziationskette sich gegen jene Rolle erfolgreich wehrten.
Das Paradox, in Poesie Eingedenken präzis zu gestalten – Totengedächtnis und Festhalten anwesender Flüchtigkeit – und zugleich im Naturlaut sich aufzulösen, hat Ossip Mandelstamm in eine Figur gefaßt, die vielleicht filigraner ist als die vitale Sprache von Heaney, deren Widersprüchlichkeit jedoch nahe:

»Das Glas der Ewigkeit, behaucht:
mein Atem, meine Wärme drauf.

Die Zeichnung auf dem Glas, die Schrift,
du siehst sie, du erkennst sie nicht.

Die Trübung, mag sie bald vergehn,
Es bleibt die zarte Zeichnung stehn.«

(deutsch von Paul Celan)

Ähnlich, steht zu hoffen, wird die kräftigere Zeichnung, geschrieben in Ufersand und gestochen in Torf, bleiben.

Henriette Beese

BIO-BIBLIOGRAPHISCHE NOTIZ

Seamus Heaney wurde am 13. 4. 1939 im County Derry in Nordirland geboren. Er wuchs auf einem ärmlichen katholischen Bauernhof auf, als ältestes von vielen Kindern. Er besuchte die Volkschule und ab 1951 als Internatsschüler das St.-Columb's-College in Londonderry. 1956 erhielt er ein Stipendium für die Queen's University in Belfast. Ausgebildet als Lehrer für englische Sprache und Literatur, unterrichtete er an mehreren Schulen und Colleges. Von 1966 bis 1972 war er Lektor an der Queen's University, mit einem Gastjahr in Berkeley, Kalifornien. 1972 gab er den Lehrberuf auf, um sich ganz dem Schreiben widmen zu können, und zog mit seiner Familie ins County Wicklow und später nach Dublin. Dort arbeitete er als freier Schriftsteller. 1975 begann er wieder zu unterrichten, am College of Education in Dublin, wo er heute lebt.
Seamus Heaney begann 1962 mit dem Schreiben, zuerst veröffentlichte er in irischen Zeitschriften. Zu Beginn der sechziger Jahre tat er sich in Belfast mit anderen Schriftstellern zu einer Gruppe zusammen, darunter Derek Mahon, Michael Longley und James Simmons. Während dieser Jahre gab Philip Hobsbaum einen Lyrik-Kurs, und in seinem Haus kamen die Lyriker regelmäßig zusammen. Später, bis zu seinem Gastjahr in den USA, leitete Heaney diesen kleinen Kreis, zu dem auch jüngere Lyriker wie Paul Muldoon, Frank Ormsby und Michael Foley stießen. Wiederholt hat Heaney seine Gedichte auch öffentlich vorgetragen, bei Lesungen in Nordirland und in der Republik Irland.

Er erhielt folgende Literaturpreise:

Somerset Maugham Award 1968, Denis Devlin Award 1973, American Irish Foundation Literary Award 1973, Duff Cooper Memorial Prize 1975, W. H. Smith Annual Award 1976, Bennett Award 1982.

Seamus Heaneys wichtigste Veröffentlichungen:

DEATH OF A NATURALIST, 1966
DOOR INTO THE DARK, 1969

WINTERING OUT, 1972
NORTH, 1975
FIELD WORK, 1979
PREOCCUPATIONS: SELECTED PROSE 1968–1978, 1980
SELECTED POEMS 1965–1975, 1980
SWEENEY ASTRAY: A Version from the Irish, 1984
STATION ISLAND, 1984

CONTENTS
INHALT

from: DEATH OF A NATURALIST
aus: TOD EINES NATURFORSCHERS

from: DOOR INTO THE DARK
aus: TÜR INS DUNKEL

from: WINTERING OUT
aus: ÜBERWINTERN

from: NORTH
aus: NORDEN

Verlagsgemeinschaft Ernst Klett Verlag –
J. G. Cotta'sche Buchhandlung
Die Originalausgabe erschien 1980 unter dem Titel
»Selected Poems 1965–1975« im Verlag Faber & Faber,
London.

Printed in Germany 1984
Umschlagentwurf von Heinz Edelmann
Gesetzt aus der 10/12 p Gill Sans
bei Steffen Hahn, Kornwestheim
Papier: Holzfrei Werkdruck, Cartiere del Garda
Druck und Bindung: H. Mühlberger, Augsburg

CIP-Kurztitelaufnahme der Deutschen Bibliothek
Heaney, Seamus:
Ausgewählte Gedichte: 1965–1975 =
Selected poems / Seamus Heaney.
Übertr. u. Nachw. von Henriette Beese. –
Stuttgart: Klett-Cotta, 1984.
Einheitssacht.: Selected poems <dt.>
ISBN 3-608-95156-3